Siam Katze

Die Siamkatze – Ernährung, Erziehung, Pflege und vieles mehr!

MEINE KATZE FÜRS LEBEN RATGEBER

Siam Katzen – so eigenwillig wie anhänglich

Die Siamesen gelten als verspielte und extrem Menschen bezogene Katzenrasse. Sie genießen längere Unterhaltungen mit Menschen und Artgenossen. Da sie sich in diesem Punkt von den meisten Katzenrassen unterscheiden, sollten die geselligen Monddiamanten, wie die Katzenrasse in Thailand heißt, in Gesellschaft mit anderen Siam Katzen leben.

INHALTSVERZEICHNIS

Abbildungsverzeichnis

Grundwissen zu Siamkatzen

Die wunderschöne Katzenrasse hat sich vermutlich in der Natur entwickelt, trotzdem gibt es einige Probleme mit Erbkrankheiten, da die heutige Rasse auf einen sehr kleinen Gen-Pool zurückgeht.

Herkunft der Rasse

Die Vorfahren der heutigen Siamkatzen stammen aus dem südostasiatischen Siam, dem heutigen Thailand. Die Katzen wurden in der dortigen Literatur vor etwa 150–200 Jahren schriftlich erwähnt. Einige Experten gehen davon aus, dass arabische und indische Seefahrer verschiedene Katzen aus dem Mittelmeerraum beziehungsweise Kleinasien in die Region brachten, die dort verwilderten und sich mit einheimischen Katzen paarten. Dies kann den schmalen Körperbau der Siams erklären, der ansonsten für Mittelmeerkatzen typisch ist.

Ab etwa 1870 gelangten erste Siamkatzen nach England, die aber meist schnell verstarben, da sie dem rauen Klima der Insel nicht gewachsen waren. Trotzdem wurde 1871 eine der Katzen im Londoner Crystal Palace vorgestellt.

Die gezielte Zucht begann, als 1884 der siamesische König Chulalongkorn dem britischen Generalkonsul Sir Edward Blencowe Gould ein Katzenpaar schenkte. Pho und Mia wurden das erste offizielle Zuchtpaar in England.

Ihre Nachkommen wurden bereits auf der großen Katzenausstellung im Londoner Crystal Palace 1885 ausgestellt.

Obwohl man weitere Tiere aus Siam einführte, fand die Zucht nur mit sehr wenigen Tieren statt. Dies führte zu den noch heute bestehenden Problemen mit Erbkrankheiten.

Erbkrankheiten

Siam Katzen sind recht robuste Katzen, die eine Lebenserwartung von im Schnitt 15 Jahren haben, sofern sie nicht sehr jung an einer erblichen Krankheit sterben. Einige der Krankheiten behindern die Katzen kaum, andere bedürfen einer Behandlung.

Bekannt sind:
- Fehlbildungen
- Augenkrankheiten
- Herz- und Gefäßerkrankungen
- Blutzellendefekte
- Stoffwechselstörungen
- Krebs
- Verhaltensstörungen

Zu den harmlosen Fehlbildungen gehört der Knickschwanz, der zu den ursprünglichen Merkmalen von den Vorgängern der Siamkatzen gehörte. Der Wasserkopf (Hydrocephalus) dagegen führt in der Regel zum sofortigen Tod nach der Geburt.

Siamkatzen leiden oft unter progressiver Retinaatrophie („Netzhautschwund", PRA), oder Stäbchen-Zapfen-Degeneration. Die Netzhaut des Auges wird durch lokale Stoffwechselstörungen kontinuierlich zerstört. Dies führt zu Nachtblindheit und Sehstörungen, mit denen Siamkatzen, die im Haus leben, meist kaum Probleme haben.

Strabismus (Schielen) und Nystagmus (Augenzittern) sind die unmittelbare Folge des Teilalbinismus, der für die erwünschte Point-Färbung verantwortlich ist. Siamkatzen haben daher oft Probleme bei der Fixation und vermutlich ein beeinträchtigtes binokulares Sehen. Auch diese Erbkrankheiten sind weitgehend unproblematisch für die Tiere.

Krankheiten des kardiovaskulären Systems, also des Herz- und Gefäßsystems, sind die endokardiale Fibroelastose (Verdickung der Herzwand) und persistierender Ductus arteriosus, eine Kurzschlussverbindung zwischen Aorta und Lungengefäßstamm. Die Verdickung greift oft auf die Herzklappen über und führt zu Herzgeräuschen, Kümmerwuchs und Herzversagen. Der Ductus löst unspezifische Symptome wie Schwäche oder Herzversagen aus.

Porphyrien, ein Blutzellendefekt, ist eine Stoffwechselerkrankung, die den Aufbau des roten Blutfarbstoffs stört. Dies löst eine sehr schwere Anämie, Photosensibilität und weiteren Krankheitsbilder aus. Möglich ist auch eine reaktive systemische oder renale Amyloidose, bei der sich kontinuierlich unlösliche Protein in den inneren Organen ablagern und auf Dauer deren Funktion einschränken. Bei Siamkatzen mittleren Alters kann dies zu chronischer Nieren- oder Leberinsuffizienz führen.

Andere Stoffwechselstörungen lösen eine Übersäuerung des Bluts aus oder sind Speicherkrankheiten wie Gangliosidose. Ab einem Alter von etwa sechs Monaten kommt es zu einer Hirnschädigung. Für Siamkatzen gibt es einen Gentest, mit dem sich Gangliosidose bereits bei Welpen nachweisen lässt.

Ferner bekommen Siamkatzen gehäuft Mammatumore und Dünndarmkrebs. Diese können durch gezielt Untersuchungen rechtzeitig erkannt werden.

Das Pica-Syndrom ist eine Verhaltensstörung, von der Siamkatzen häufiger betroffen sind als andere Rassekatzen. Die Tiere fressen unverdaulichen Stoffe oder nagen daran.

Wichtig: Sprechen Sie mit dem Züchter, welche Vorkehrungen er getroffen hat, um Erbkrankheiten weitgehend auszuschließen.

Rassemerkmale

Heute werden zwei Typen von Siamkatzen gezüchtet: Die traditionelle Form, die heute meist als Thai-Katze bezeichnet wird und die moderne Form. Die folgende Beschreibung bezieht sich auf die moderne Siamkatze.

Kopf, Körperbau und Fell

Die Katzen haben einen sehr schlanken, muskulösen Körper und eine kurze glänzende weiche Behaarung ohne nennenswerte Unterwolle. Die Kätzin wiegen zwischen 3,0 und 4,0 kg. Kater sind mit 4,0 bis 5,0 kg etwas schwerer.

Die langen, dünnen aber muskulösen Beine enden in kleinen ovalen Pfoten. Die Hinterbeine sind länger als die Vorderbeine. Dies führt zu einem für Katzen eher untypischem Stolzieren statt schleichen.

Der Schwanz muss dünn und lang sein. Ein Knick zählt als Fehler, der von der Zucht ausgeschlossen wird.

Typisch für Siamkatzen des modernen Typs ist ein keilförmiger Kopf mit langer grader Nase ohne

Unterbrechungen der Linie. Die großen Ohren sind an der Basis breit und laufen spitz zu. Sie verlängern den Keil.

Abbildung 1: Körperbau der Siamkatze

Fellzeichnung und Augen

Auffallen sind die mandelförmigen Augen, die leicht schräg stehen. Ihr intensives Blau ist typisch für die Rasse.

Als Point Katze kommen alle Siamkatzen weiß auf die Welt, denn die Wärme im Mutterleib verhindert die Bildung des Farbstoffs Melanin. Später färben sich ausschließlich kühle Körperpartien wie Nase, Ohren, Schwanz und Pfoten.

Die Grundfarben Seal (Schwarz-Braun), Chocolate (Schokoladenbraun) und Red (Orange-Rot) kommen auch in einer sogenannten Verdünnung vor. Seal wird zu dem hellen Grauton Blue, Chocolate zu hellem Gletschergrau, das als Lilac bezeichnet wird und Red zu der zarten Cream. Die Verdünnung entsteht, weil der Farbstoff verklumpt.

Übliche Farbschläge sind Point, Tabby und Tortie. Point-Katzen haben einfarbige Abzeichen an den kühlen Körperpartien. Als Tabby bezeichnen Züchter helle Streifen in den Points. Beispielsweise bedeutet Seal Tabby Silver, dass sich helle silberfarbene Streifen in den schwarzbraunen Abzeichen befinden.

Die meisten Farben können mit Rot als zweite Farbe kombiniert sein. Dies ist die Tortie (Schildpatt) Farbkombination, die nur bei weiblichen Katzen vorkommt.

Beispiele:

Farbe	Körper	Ab-zeichen	Nasen-spiegel	Ballen
Seal-Point	Creme zu braun verdunkelnd	Seal	Seal	Seal
Blue-Point	Weiß, auf dem Rücken kaltes Dunkelblau erlaubt	Blaugrau	Schiefer-farbe	Schiefer-farbe
Lilac-Point	gebrochenes Weiß, Blasslila Schattierung erlaubt	Hellgrau mit rosa Schimmer	Blasslila	Blasslila

Auch reinweiße Siamkatzen sind möglich. Foreign White Siamkatze haben blaue Augen und ein weißes Fell ohne die typischen Abzeichen. Bei vielen Rassen ist die weiße Farbe mit Taubheit verbunden, was bei Siamesen nicht der Fall sein muss. Für die Zucht muss über ein Gutachten bewiesen werden, dass die Tiere hören können. Ansonsten handelt es sich um eine Qualzucht, die laut Paragraf 11b Tierschutzgesetz verboten ist.

Thai, Balinesen und Orientalisch-Kurzhaar

Alle Katzen des Siamtyps, unabhängig von der Färbung und sonstigen Besonderheiten, gelten als Orientalen. Einige Verbände sehen Thaikatzen, Balinesen und Orientalisch-Kurzhaar-Katzen (OKH) sogar als eine Spielart der Siamkatzen an.

Thaikatzen, also der klassische Typ der Siamkatzen, haben eine Runde Kopfform (Appleheads = Apfelköpfe) und die Ohren sind wesentlich höher angesetzt als bei Siamkatze des modernen Typs. Auch der Körperbau der Thaikatze ist rundlicher als bei den Siamesen.

Balinesen entstanden aus Kreuzungen von Siamkatzen mit Angorakatzen. Sie haben ein mittellanges Fell und einen buschigen Schwanz. Bis in die 1920er zählten sie als „Langhaar-Siamkatzen". Lange Zeit verwendete man die Tiere nicht zur Zucht und oft wurden sie als Hauskatzen verkauft. Die beiden US-amerikanischen Züchter Marion Dorsey aus Kalifornien und Helen Smith aus New York begannen in den 1950er Balinesen gewinnorientiert zu züchten. Damit änderte sich die öffentliche Akzeptanz.

Smith gab der Rasse den Namen, da sie die geschmeidige Gangart und Schönheit an balinesische Tempeltänzerinnen erinnerte und ihr die Bezeichnung "Langhaar-Siamkatze" als zu sperrig für die eleganten Tiere erschien.

Orientalische Kurzhaar Katzen züchtete seit 1951 die Baronin von Ullman. Ihr Ziel war eine grünäugige Siamkatze mit kurzem einfarbigen braunen Fell. Seit 1972 ist sie als Rasse anerkannt. Die erste echte Orientalisch Kurzhaar war kastanienbraun. Die Färbung wird heute als Havana bezeichnet.

Der typische Charakter

Fachleute gehen davon aus, dass die hohen Wurfzahlen der Siamkatzen das Sozialverhalten prägen. Würfe von mehr als vier Kitten sind keine Seltenheit. Wie alle orientalischen Katzen lieben die Tiere ein intensives gemeinsames Gruppenleben. Typisch ist die gegenseitige Körperpflege. Auch bei der Jagd arbeiten Siamkatzen zusammen. In der Gruppe beschäftigen sich auch ausgewachsene Katzen mit Fang- und Jagdspielen. Die Katzenmütter ziehen oft die Jungtiere mehrerer Würfe gemeinsam auf.

Insgesamt gelten Siamkatzen als hochintelligent, eigenwillig und sehr menschenbezogen. Die lernwilligen Tiere lassen sich meist leicht an Geschirr und Leine gewöhnen. Der ausgeprägte Spieltrieb und die ständige Kommunikation mit lauter Stimme ist ungewöhnlich für Katzen. Unerfahrene Halter sind irritiert, weil die befellte „Quasselstrippe" ständig schnurrt, maunzt, gurrt und plappert.

Ansprüche der Rasse

Die körperlichen Bedürfnisse sind leicht zu befriedigen, denn das kurze Fell ohne Unterwolle müssen Sie nicht bürsten. Auch Augen, Ohren und Krallen bedürfen in der Regel keiner Pflege. Das übernehmen Siamkatzen selbst. Dafür benötigen die Katzen sehr viel Aufmerksamkeit, die sie aktiv einfordern. Auch brauchen Siamkatzen eine warme Umgebung.

Wer eine Katze sucht, die sich selbst beschäftigt und für Stunden das Haus verlässt, sollte sich keine Siamkatze zulegen.

Pflege

Krallen, Ohren und Augen

Wohl eher aus Bequemlichkeit als Sorge um die Gesundheit der Katze, neigen viel Katzenhalter dazu, die Krallen der Katze zu stutzen. Vielleicht ist es auch einfach Unkenntnis, wieso die Mini-Tiger so gerne ihre Krallen in verschiedene Materialien schlagen. Hier soll nur gesagt sein, dass Katzen selbst ausgezeichnet für die Krallen sorgen und nur in ganz seltenen Ausnahmefällen ein Rückschnitt der Krallen erforderlich ist. Solche Ausnahmen sind Krallen, die zu lang werden und sich in Fleisch bohren. Auch für Siamkatzen ist es ein traumatisches Erlebnis, wenn der Mensch ihnen die Krallen raubt. Wer eine Katze hält, muss einfach akzeptieren, dass das Kratzen zur Natur der Tiere gehört und keine Unart ist.

Auch bei der Ohrenpflege neigen Besitzer von Katzen zum Übertreiben. Gesunde Katzenohren muss niemand regelmäßig reinigen. Wenn es aus dem Ohr übel riecht oder sich dunkle Krümel zeigen, hat das Tier sich eine Krankheit (meist Milben) eingefangen. Diese Krankheit muss der Tierarzt behandeln. Die Pflege der Ohren sollte sich daher auf eine regelmäßige Kontrolle beschränken, um eine Infektion rechtzeitig zu erkennen.

Zahnprobleme vorbeugen

Wie alle Katzen haben auch die Siamesen mit zunehmendem Alter größere Problem mit Zähnen und Zahnfleisch. Beugen Sie diesen vor, in dem Sie der Katze mehrmals in der Woche zähes rohes Fleisch füttern. Da Siams nicht faul sind, werden sie dieses kauen und so für eine gute Zahnreinigung sorgen.

Die zweitbeste Methode ist das Putzen der Zähne mit Zahnbürste und Zahnpasta für Katzen. Gewöhnen Sie bereits Welpen an die Prozedur. Stupsen Sie mit einer weichen Zahnbürste, die einen kleinen Kopf hat, an das Maul. Das Kätzchen wird auf der Bürste kauen. Führen Sie nun Putzbewegungen aus. Sobald sich das Tier daran gewöhnt hat, geben Sie etwas Zahnpasta für Katzen auf die Bürste. Bitte keine Produkte für Menschen (auch keine

Kinderzahnpasta) verwenden. Der Geschmack dieser Mittel stößt Katzen ab.

Siamesen brauchen Gesellschaft

Im Hinblick auf die Gesellschaft sind die Monddiamanten sehr anspruchsvoll. Sie leben am liebsten in einem Rudel von mehreren Katzen, die ein ähnliches Sozialverhalten haben. Eine Hauskatze oder eine Rassekatze, die nicht gerne mit anderen Katzen schmust oder sich nicht an der Fellpflege beteiligt, ist für eine Siamkatze kein Gewinn.

Passende Partner sind idealerweise Siamkatzen. Aber auch Burmakatzen, die Heilige Birma, Thai-Katzen, Balinesen und Orientalisch-Kurzhaar-Katzen sind passende Gesellschafter für Siamesen.

Wie sehr sich das Sozialverhalten der Siams von anderen Katzen unterscheidet, erkennen Sie daran, wie stark Siamkatzen die Nähe zueinander suchen. Sie quetschen sich zusammen in kleine Körbe und genießen den Körperkontakt. So nah mögen es die meisten Katzen anderer Rasse nicht.

Idealerweise kaufen Sie drei Katzenkinder, die ab der Geburt zusammenlebten. Große Probleme sind aber nicht zu erwarten, wenn sie einen Neuzugang in ein Rudel einführen. Die geselligen Tiere lernen auch im hohen Alter, mit anderen Katzen ein Rudel zu bilden. Schwierig kann es werden, wenn ein älteres Tier in ein bestehendes Rudel eingegliedert werden soll.

Vergesellschaftung

Natürlich ist es oft nötig, später eine Katze in eine bestehende Gesellschaft einzuführen oder Einzeltiere zusammenzubringen. Daher nun einige Tipps zu diesem Thema.

Fremde Katzen zusammenführen

Bei aller Liebe zu den Artgenossen, aber eine Rangfolge muss ausdiskutiert werden. Entsprechend dem Temperament der Siamkatzen geschieht dies lautstark und mit großem Imponiergehabe. Auch Kämpfe sind zu erwarten, die aber selten zu Verletzungen führen.

Lassen Sie den Neuzugang zunächst im Transportbehälter. Geben Sie Ihren Katzen Gelegenheit, den Neuling darin zu beschnuppern. Dieser lernt so auch die vorhandenen Katzen kennen. Sie sehen sofort, wie die Tiere aufeinander reagieren. Sobald keine große Aggression zu erkennen ist, öffnen Sie die Tür des Transportkorbs. Die Tiere müssen ihren Platz im Rudel selber finden.

Auch bei den Siamkatzen gibt es eine Rangfolge. Diese legen die Katzenbabys bereits beim Züchter fest, daher finden im neuen zu Hause selten Kämpfe um die Position im Rudel statt.

Ein Neuling muss seinen Platz in der Gruppe erst finden. Oft geschieht dies sehr friedlich. Die Katzen regeln diese Angelegenheit mit Blicken und dezenten Körpersignalen. Es kann aber auch zu lautstarken Auseinandersetzungen und größeren Rangeleien kommen.

Da in der Regel die älteste Katze der Boss ist, gibt es meist keine Probleme, wenn der Neuling ein Jungtier ist. Er akzeptiert die Vorherrschaft der anwesenden Katze. Schwierig kann es werden, wenn ein bisher dominantes Tier einziehen soll.

Greifen Sie nur ein, wenn Gefahr besteht, dass sich eines der Tiere verletzt. Es ist wichtig, dass die Katzen unter sich die Rangfolge festlegen. Vermeiden Sie grundsätzlich, dass Eifersucht aufkommen kann. Streicheln Sie alle Tiere abwechselnd und bürsten Sie die Katzen gemeinsam. Natürlich müssen die Katzen vom Charakter zusammenpassen.

Tipp: Lassen Sie den Neuzugang zunächst in der geschlossenen Transportbox und stellen Sie diese in die Wohnung. Das gibt allen Tieren die Möglichkeit, sich durch das Gitter zu beschnuppern. Beobachten Sie, wie Ihr Vierbeiner auf die Situation reagieren.

Mit anderen Tieren vergesellschaften

Siamkatzen sind temperamentvoll und jagdfreudig. Kleintiere werden sie als Beute ansehen und ihnen nachstellen. Daher ist es nicht ratsam, Siamesen in einem Haushalt mit Nagern oder kleinen Vögeln zu halten.

Frettchen, Skunks und Hunde lassen sich dagegen meist problemlos mit Siamkatzen zusammenhalten. Bringen Sie die Tiere vorsichtig zusammen. Auch hier ist angebracht, die Katze zunächst im Transportbehälter zu lassen.

Wichtig: Halten Sie Hunde an einer kurzen Leine, wenn Sie die Katze aus der Box lassen. Die Katze muss auf den Hund zugehen. Ein Hund, der laut bellend auf eine Siamkatze zustürmt, wird von dieser als Gefahr eingestuft. Je nach Charakter rennt die Katze um ihr Leben oder sie greift den Hund an. Beides ist einer Freundschaft abträglich.

Beziehung zwischen Menschen und Siamkatzen

Sie werden für die Katze zu einer wichtigen Bezugsperson. Die Beziehung von Siamesen zu den Haltern ist ähnlich intensiv wie zwischen Hund und Herrchen. Ihre Katze leidet, wenn Sie Tag für Tag über Stunden das Haus verlassen. Für Vollzeitbeschäftigte sind Siams kaum geeignet. Sie sind aber perfekte Familienkatzen, die Kinder sehr lieben.

Ihre Siamkatze braucht Aufmerksamkeit. Sie will mit Ihnen spielen und schmusen. Wenn Sie eine ruhige und einfache Katze brauchen, sind Sie mit einer Siamkatze schnell überfordert. Manchen erfahrenen Katzenhalter geht auch der Drang zur Plauderei auf die Nerven. Zumal Siamesen sich mit kräftiger Stimme unterhalten.

Baby und Siamkatze

Ihre Siamesen können mit Eifersucht reagieren, wenn plötzlich ein Baby in die Familie kommt. Bereiten Sie die Tiere darauf vor. Stellen Sie Babybettchen, Wickelkommode und Kinderwagen schon lange vor dem Geburtstermin auf. Verbieten Sie der Katze, sich auf die neuen Möbel zu legen. So verhindern Sie, dass die Katzen das Verbot mit dem Kind verbinden.

Lassen Sie die Katzen unbedingt zum Baby. Sie sollen das neue Familienmitglied kennenlernen. Beziehen Sie die Katzen mit ein. Sie dürfen beim Stillen und beim Windelwechsel zu sehen. Streicheln Sie die Tiere, damit sie sich nicht ausgeschlossen fühlen.

Natürlich besteht die Gefahr, dass sich die Katzen zu sehr an das Kind kuscheln oder sich sogar darauflegen. Aus diesem Grund dürfen Sie Kleinkinder, die noch nicht krabbeln können, nie mit einer Katze allein lassen.

Ernährung von Siamkatzen

Die äußerst agilen Siamesen benötigen eine entsprechend große Energiezufuhr. Eine Siamkatze mit vier Kilogramm Körpergewicht benötigt etwa 330 Gramm Nassfutter oder 87 Gramm Trockenfutter. Eine ruhige Katze kommt mit etwa 200 Gramm Nassfutter oder 62 Gramm Trockenfutter aus.

Nass- oder Trockenfutter

Typisch Mensch sagen sich vermutlich Katzen, denen Sie ständig Trockenfutter servieren, denn das ist weder artgerecht noch bekömmlich. Es ist lediglich für den Menschen sehr praktisch, da es einfach zu transportieren ist und nicht riecht, auch wenn es tagelang im Napf steht.

Da die Hersteller es verstehen, ihr Futter für Katzen schmackhaft zu machen, mögen manche Siamkatzen die trockene Nahrung. Meist stellen die Menschen aus Bequemlichkeit eine große Portion für die Katze hin, damit sie sich nach Bedarf jederzeit bedienen kann. Die Folgen sind verheerend, denn das zum Teil mit Zucker verfeinerte Futter naschen die Katzen mit Begeisterung über den ganzen Tag verteilt. Sie werden fett, träge und bekommen oft Diabetes. Diätfutter vom Tierarzt, um das Gewicht zu reduzieren, schadet meist den Nieren.

Einer Katze ein überaus schmackhaftes Futter ständig zur

Verfügung zu stellen, ist genauso sinnvoll, wie Kindern regelmäßig in beliebigen Mengen Schokolade zuzuteilen.

Trockenfutter gilt übrigens zu Unrecht als Zahnreiniger. Die kleinen Bröckchen fressen Katzen oft, ohne zu kauen. Selbst wenn sie auf ein Stück beißen, zerbröselt es sofort. Es reibt nicht am Zahn entlang. Dafür setzt sich ein Futterbrei zwischen den Zähnen fest, der ein perfekter Nährboden für Keime ist. Dort entstehen durch Bakterien verschiedene Säuren, welche die Zähne angreifen. Hinzukommen Entzündungen des Zahnfleisches. Nur rohes Fleisch hat eine reinigende Wirkung.

Da Siamkatzen sehr wählerisch sind, brauchen Sie viel Geduld und müssen mit Tricks arbeiten, um das Tier an ein anderes Futter zu gewöhnen. Dies gilt besonders, wenn die Siamesen sich auf ein schmackhaftes Futter mit Zucker festgelegt haben. Rechnen Sie nicht damit, dass die Katzen mit einer Futterumstellung zufrieden sein werden. Im Anhang finden Sie eine Anleitung, wie sie es schaffen, dass die Tiere nicht hungern und sich gesund ernähren.

Eine Maus, das übliche Beutetier der Katze, besteht zu 15 % aus Proteine und 10 % aus Fett. Nur zu 1 - 2 % des Nagers sind Kohlenhydrate, Vitamine, Spurenelementen und Ballaststoffe. Die Katze zählt daher zu den Fleischfressern. Sie kann pflanzliches Eiweiß und Fett kaum verdauen. Natürlich nimmt die Katze in der Natur nicht bei jeder Mahlzeit Protein und Fett im Verhältnis 3:2 auf. Auch kann in einer Mahlzeit deutlich mehr pflanzliche Kost enthalten sein, beispielsweise wenn die Katze einen Feldhamster frisst, dessen Backentaschen gut gefüllt sind. Sie müssen also nicht darauf bedacht sein, dass Ihre Katze ausschließlich Mahlzeiten bekommt, die der Zusammensetzung einer Maus entsprechen.

Eines steht mit Gewissheit fest. Keine Katze frisst eine Maus, die über Tage in der Sonne getrocknet ist. Jede ihrer Mahlzeiten besteht zu etwa 70 % aus Wasser. Aus diesem Grund trinken Katzen nur sehr selten. Es kann also nicht gesund sein, wenn Sie Ihrer Siam Katze überwiegend Trockenfutter verabreichen. Das Futter quillt im Magen und im Darm auf, weil es Feuchtigkeit aufnimmt. Es entzieht dem Stoffwechsel der Katze große Mengen an Wasser. Die Folge ist im „besten" Fall Verstopfungen. Häufig treten Harnsteine auf, die besonders bei Katern zu großen Problemen führen, da die Steine die sehr dünne Harnröhre nicht passieren können. Katzen, die ausschließlich Trockenfutter bekommen, werden mit großer Wahrscheinlichkeit schwer nierenkrank.

Merkmale von guten Katzenfutter

Gutes Futter sollte sich ähnlich zusammen setzen wie die üblichen Beutetiere der Katze. Weder Vögel noch Mäuse bestehen aus Sojaproteinen mit Bratensoße und Zucker. Eine Maus setzt sich ähnlich wie alle Säugetiere zusammen. 70 % des Körpergewichts stammen vom Wasser. Das ist der Grund, wieso Katzen zu wenig trinken. In der Natur decken sie ihren Flüssigkeitsbedarf über die Nahrung. An Feststoffen enthalten Nager etwa 15 % Eiweiß und 10 % Fett. Nur 1-2 % sind Kohlenhydraten. Vitamine, Spurenelementen und Ballaststoffen machen nur einen verschwindend geringen Anteil aus.

Viele Katzenhalter achten viel zu stark auf Vitamine. Vitamin C können Katzen im Körper erzeugen, eine Zufuhr ist daher in der Regel überflüssig. Selbst das billigste und schlechteste Futter enthält meist weitaus höhere Dosen an wasserlöslichen Vitaminen, als Ihre Siamkatze braucht. Dieser Umstand schadet nicht, denn Katzen scheiden sie aus.

Problematisch ist eine Überversorgung mit den fettlöslichen Vitaminen A, E und D. Eine Verkalkung der Weichteile droht und Jungtiere können sogar an einem Übermaß dieser Vitamine sterben. Leber, Lachs und andere Innereien müssen Sie daher sparsam verfüttern.

Sehr wichtig ist ein ausgewogenes Verhältnis von Calcium und Phosphat, denn Katzen können Calcium nur für den Knochenaufbau verwenden, wenn auf etwa 1,15 Anteile Calcium ein Anteil Phosphat in der Nahrung ist. Stimmt das Verhältnis nicht, bilden sich Struvit- oder Calcium-Oxalatsteine.

Auch der Anteil von Taurin wird oft überschätzt. In der Regel enthalten alle Futtersorten mehr als genug dieses Stoffes. Sie müssen also nicht nach dem Futter mit dem höchsten Tauringehalt suchen.

Es gibt nur ein absolutes Kriterium für Katzenfutter: Konservierungs- und Farbstoffe sowie die Zugabe von Zucker und anderem Lockstoffen sind tabu. Leider ist auch im Futter bekannter Marken oft Zucker oder Karamell vorhanden.

> **Gutes Nassfutter erkennen:**
> 1. Alle Inhaltsstoffe sind deutlich auf der Verpackung aufgeführt.
> 2. Der Fleischanteil beträgt 70-80 % (Innereien sind gesondert aufgeführt).
> 3. Der Proteingehalt beträgt etwa 10 %.
> 4. Pflanzen sind höchstens zu 5 % enthalten.
> 5. Das Ca – P -Verhältnis beträgt etwa 1,15:1.
> 6. Keine Farb-, Lock- und Konservierungsstoffe sowie Zucker, Karamell, Melasse, Zuckerrübenschnitzel, Mais- und Sojaprodukte sind enthalten.

Kohlenhydrate sind zwar Getreide, aber getreidefrei heißt leider nicht, dass in dem Katzenfutter keine Kohlenhydrate sind. Hersteller setzen besonders Trockenfuttern häufig Kartoffel- oder Maisstärke, Obst sowie Granatapfelkernen zu. Solche Zusätze bringen der Katze nichts. Es ist kein Problem, wenn Sie gelegentlich eine Mahlzeit mit hohem Pflanzenanteil füttern. Manches natürliche Beutetier hat einen beachtlichen Vorrat an Körnern oder Nüssen dabei.

Wichtig: Beachten Sie die Hinweise zur Futterumstellung im Anhang. Ihre Siamkatze soll verschiedene Futtersorten annehmen, aber eine plötzliche Umstellung des Futters ist nie ratsam.

Katzen zum Trinken animieren

Da Katzen es nicht gewohnt sind zu trinken, nehmen sie in der Obhut des Menschen viel zu wenig Wasser auf. Dies gilt auch, wenn Sie Ihrer Siamkatze kein Trockenfutter geben, denn Snacks sind ebenfalls nicht ausreichend wasserhaltig. Natürlich geben Sie Ihrer Katze, die Sie lieben regelmäßig Leckereien.

Siamesen lieben Wasser nicht, aber sie werden Wasserstellen im Haus annehmen, wenn sie reichlich angeboten werden. Daher stellen Sie im ganzen Haus und auch im Außenbereich für Ihre Katze Näpfe mit Wasser auf.

Ideal sind Trinkbrunnen oder kleine Aquarien mit Umwälzpumpe, denn keine verspielte Katze kann bewegtem Wasser nicht widerstehen. Auch Zierbrunnen locken Siamesen an, leider ist der Wasservorrat darin viel zu gering. Es besteht die Gefahr, dass die Pumpe des Brunnens kaputtgeht oder das Wasser darin verdirbt.

Trinkbrunnen enthalten genügend Wasser und einen Kohlefilter, damit Ihre Katze darin immer frisches Wasser findet.

Abbildung 2: Trinkbrunnen für Katzen, ®rgladel

Die beste Lösung ist ein Trinkbrunnen für Katzen mit integriertem Kohlefilter. Das bewegte Wasser zieht die Katzen magisch an und es ist immer frisch.

Tipp: In der Natur fressen Katzen nicht an der Wasserstelle. Ihnen gefällt daher ein Wassernapf neben dem Futter nicht.

Milch und Snacks

Viele Menschen glauben, dass Katzen mit Begeisterung Milch trinken. Dabei rühren sie in der Natur keine Milch an. Nur Babykatzen trinken Milch (Katzenmilch und keine Kuhmilch).

Tatsache ist, dass ausgewachsene Katzen keine Milch vertragen, da sie laktoseintolerant sind. Milch führt zu Durchfall, der die Katzen entkräftet. Ihrer Katze fehlt nichts, wenn sie keine Milch bekommt. Wenn Sie ihr nach der Entwöhnung von der Mutter ausschließlich Wasser als Getränk geben, wird sie später keine Milch anrühren.

Falls Sie eine Katze haben, die an Milch gewöhnt ist und sich weigert, etwas Anderes zu trinken, können sie ihr Katzenmilch aus dem Zoofachhandel oder laktosefreie Milch für Menschen geben. Achten Sie aber darauf, dass das Produkt keinen Zucker oder andere süßende Mittel enthält.

Sojamilch und andere Milchersatzprodukte aus Pflanzen sind dagegen eine wenig ratsame Alternative.

Auch viele Snacks für Katzen sind bedenklich. Sie enthalten Zucker oder Innereien. Letztere schmecken natürlich Siamkatzen, aber sie enthalten fettlösliche Vitamine. Deren Überdosierung kann sehr gefährlich werden, wenn vor allem zusätzlich Vitamine vom Hersteller hinzugefügt wurden.

Snacks sind keine Mahlzeiten. Geben Sie diese sparsam und als Belohnung.

Mittel gegen Haarballen

Katzengras und Pasten gegen Haarballen brauchen Siamkatzen aufgrund des kurzen Fells nicht. Das heißt aber nicht, dass Siamesen einen Blumentopf mit Gras verschmähen. Im Gegenteil: Sie befassen sich meist sehr ausgiebig mit dem Grün. Vielleicht fressen sie es und werden anschließend etwas des Grases erbrechen. Lassen Sie Ihrer Katze dieses Verhalten als Reste ihres natürlichen Erbes zu.

In der Natur nehmen Katzen einiges an Unverdaulichem auf, wie z.B. Haare vom eigenen Fell und natürlich Knochen und Haare der Beutetiere. Um zu verhindern, dass diese Mischung im Magen verklumpt und den Darm verstopft, fressen Katzen Gras. Dieses übt einen Reiz auf die Magenschleimhaut aus und das Tier erbricht, was es nicht verdauen kann.

Freigänger oder Wohnungskatze

An dieser Frage scheiden sich die Geister. Kaum ein Thema spaltet Tierfreunde mehr. Die einen plädieren dafür, dass Katzen sich für eine reine Wohnungshaltung nie eignen, andere sind sicher, dass Freigang eine unnötige Gefahr darstellt. Für Rassekatzen gelten ohnehin besondere Bedingungen, denn diese werden meist nicht von den Katzenmüttern an die Freiheit gewöhnt und leider stellen Diebe den teuren Tieren nach.

Speziell Problematik bei Siamkatzen

So agile Katzen wie die Siamesen brauchen die Möglichkeit, sich auszutoben. Freigang kommt diesem Bedürfnis entgegen, aber Siamkatzen sind nur bedingt für ein Leben im Freien geeignet. Das kurze dünne Fell ohne Unterwolle schützt bei den hiesigen klimatischen Bedingungen nur unzureichend. Besonders Nässe setzt der Gesundheit dieser Rassekatzen zu.

Hinzukommen unter Umständen eine Sehschwäche, die für ein Leben in Freiheit eine zusätzliche Gefahr bedeutet. Die Tiere können oft Entfernungen schlecht einschätzen.

Auch die Anhänglichkeit führt zu Problemen, denn Siamesen neigen nicht zur Scheu. Sie nähern sich auch fremden Menschen und sind daher für Katzenfänger eine leichte Beute.

Damit erübrigt sich auch die Vorstellung, dass eine in Freiheit lebende Siamkatze während des Urlaubs einfach von Nachbarn versorgt wird. Wenn die Bezugspersonen plötzlich weg sind, werden Siamesen sich nach neuen verlässlicheren Menschen umsehen.

Kurz ein ungesicherter Freigang ist für Katzen dieser Rasse sehr gefährlich, kommt aber dem Bewegungsdrang der Tiere entgegen.

Siamkatzen in reiner Wohnungshaltung

Wohnungshaltung bietet natürlich wenig Abwechslung und schränkt die Bewegung ein. Diesen Nachteil können Sie als Besitzer leicht beheben, in dem Sie den Katzen einen interessanten und abwechslungsreichen Bewegungsraum zur Verfügung stellen.

Bewegungsdrang der Siamesen berücksichtigen

Sie brauchen keine riesige Wohnung. Ihre Katzen müssen lediglich die Möglichkeit haben, den Raum bis unter die Decke zu nutzen. Neben der richtigen Einrichtung kommt es auf Ihre Einstellung an. Ein großer, spärlich möblierter

Loft oder eine komplette antike Möblierung, die für Ihre Katzen ein Tabu ist, machen selbst eine große Wohnung für Siamesen untauglich. Auch der schönste Kratz- und Kletterbaum reicht dann nicht aus.

Eine Katze, die sich nahezu nur auf den gleichen Wegen wie Sie durch die Wohnung bewegen darf, wird den Raum als viel zu eng ansehen. Das ändert sich, wenn die Siamesen unter Betten und Kommoden sowie auf dem Mobiliar turnen, spielen und toben können. Das heißt, selbst im obersten Regal steht nichts, was sie vor der Katze schützen wollen. Ihre Siamkatze darf auf alle Schränke. Es gibt so gut wie keine Tabus.

Was bei Wohnungskatzen zu beachten ist

Ein schlechtes Gewissen, weil Sie Ihre Siam Katze nicht raus lassen ist überflüssig, sofern Sie für Abwechslung sorgen. Aber Sie sollten wissen, dass auch das Leben in der Wohnung durchaus Gefahren birgt.

Ihre Siamesen brauchen aktive wie passive Unterhaltung. Unter aktivem Entertainment ist eine intensive Beschäftigung mit Ihren Katzen zu verstehen. Spielen Sie mit den Tieren und üben Sie kleine Kunststücke ein. Das fördert die Intelligenz und sorgt für ein ausgeglichenes Wesen.

Die passive Unterhaltung bereitet vielen Katzenbesitzern Probleme, denn sie bedeutet Unordnung. Lieferungen, die Paketdienste ins Haus bringen, sind für Ihre Siamesen ein willkommenes Abenteuer. Sie untersuchen das Paket und wollen es öffnen. Lassen Sie die Katzen sich einige Zeit am geschlossenen Paket austoben. Öffnen Sie es erst, wenn das Interesse nachlässt. Meist sind in dem Paket Verpackungsmittel wie Pappchips und Ähnliches. Wenn die Verpackungen ungefährlich sind, lassen Sie das geöffnete Paket stehen. Ihre Katzen werden sich darin vergnügen.

Stellen Sie von Zeit zu Zeit eine Kiste mit zerknülltem Papier oder noch besser mit Laub aus dem Wald in die Wohnung. Solche Objekte begeistern Katzen über mehrere Tage.

Ärgern Sie sich nicht über die Unordnung, Blätter, zerfetztes Papier und Verpackungsmaterial, welches Ihre Katzen in der Wohnung verteilen. Gönnen Sie den Kleinen diesen Spaß.

Menschen können Krankheiten übertragen
Auch in der Wohnung kann eine Siamkatze eine schwere Infektionskrankheit bekommen oder von Parasiten befallen werden. Sie gehen aus und ein, daher bringen Sie viele unerwünschte Gäste ins Haus.

Menschen können in der Regel keine Katzenkrankheiten

bekommen, umgekehrt können Ihre Hauskatzen an Chlamydien sowie Herpes-, Influenza-, Corona- und Rhinoviren erkranken. Die Impfung gegen Katzenschnupfen schützt überwiegend vor einem schweren Verlauf einer Infektion mit Caliciviren. Nützt aber nichts bei anderen Erkältungskrankheiten.

Aus diesem Grund waschen Sie sich die Hände, wenn Sie nach Hause kommen, noch bevor Sie die Katze zur Begrüßung streicheln. Achten Sie bei Erkältungen darauf, die Katze nicht anzuhusten oder anzuniesen. Halten Sie sich, wenn Sie husten oder niesen müssen, ein Taschentuch vors Gesicht und entsorgen Sie die Tücher sofort. Ihre Katzen dürfen auf keinen Fall mit benutzten Schnupftüchern spielen.

Kontrollieren Sie außerdem regelmäßig, ob Ihre Katze Flöhe oder Zecken hat. Flöhe finden Sie am einfachsten, in dem Sie mit einem Flohkamm den Schwanzansatz kämmen und den Kamm über feuchtem weißen Papier ausklopfen. Wenn Ihre Katze befallen ist, zeigen sich nun rostbraune Punkte, die zerlaufen. Alles Wichtige zur Bekämpfung finden Sie im Anhang des Buches.

Abbildung 3: Flohkamm

Versorgung im Urlaub

Ihre Siamkatze ist vermutlich einfacher im Urlaub zu versorgen, als die meisten Menschen denken. Sie nehmen die Tiere einfach mit auf die Reise. Dies ist meist kein Problem, wenn Sie Ihre Katzen an eine Leine gewöhnt haben und mit dem Auto in eine Ferienwohnung reisen.

Sofern eine Mitnahme nicht möglich ist, bitten Sie, eine den Tieren vertraute Person bei Ihnen während des Urlaubs einzuziehen oder bringen Sie Ihre Monddiamanten bei befreundeten Menschen unter. Es genügt nicht, wenn jemand zweimal am Tag vorbeikommt, um die Katzen zu füttern.

Oft ist zu lesen, dass man Katzen am besten im Haus von einem Nachbarn versorgen lässt. Es reicht, wenn dieser zwei- bis dreimal am Tag vorbeischaut und sich um Futter sowie Katzentoilette kümmert.

Mag sein, dass Katzen, die wenig auf den Menschen fixiert sind, mit dieser Lösung zufrieden sind. Siam Katzen, die sehr auf den Menschen geprägt sind, leiden in dieser Zeit erheblich. Natürlich darf die Fahrt in den Urlaub nicht zu lange dauern und die Katze sollte an der Leine mit nach draußen dürfen. Viele Besitzer von Wohnmobilen reisen häufig mit ihren Katzen. Auch das gefällt den meisten Tieren.

Tipp: Nehmen Sie die Katze zu einem kurzen Wochenendtrip mit und achten Sie darauf, wie die Katze auf die Fahrt und Unterkunft reagiert. Wenn Sie den Eindruck haben, dass es ein großer Stress für sie ist, testen Sie die Unterbringung bei Freunden.

Kontrollierter Freigang ist die beste Haltungsform

Die beste Lösung ist mit Sicherheit, wenn Ihre Siamkatzen die Möglichkeit haben, jederzeit in ein großes Gehege im Garten zu gelangen oder zumindest ein Balkon vorhanden ist. Aber achten Sie darauf, dass das Gehege ausbruchsicher ist. Ihre Katze soll Luft, Licht und Sonne genießen können.

Außerdem sollte ein Schutz vor der Witterung vorhanden sein, denn Siamkatzen vertragen es nicht, wenn sie durchnässt werden. Sollte es doch einmal geschehen, trocknen Sie das Tier ab und lassen es an einem warmen Ort, bis es wieder völlig trocken ist.

Ersatzweise bieten Sie den Katzen regelmäßig lange Spaziergänge an der Leine an. Diese sind ohnehin zu empfehlen, weil sie den Siamesen eine ausgezeichnete Gelegenheit bietet, etwas Neues kennenzulernen.

Wichtig: Ein Spaziergang mit der Katze unterscheidet sich deutlich von einem Gassigang mit einem Hund. Katzen gehen eher langsam und vorsichtig in das Terrain. Sie untersuchen jeden Stein und jede Pflanze. In einer Stunde legen Sie vielleicht nur wenige hundert Meter zurück, aber die Katzen sind glücklich und beschäftigt.

Ihre Katze kann nach entsprechender Gewöhnung sogar ohne Transportbox im Auto mitfahren, denn im Handel gibt es spezielles Geschirr mit Polsterung im Brust- und Bauchbereich. Mit diesem schnallen Sie den Vierbeiner sicher im Auto an.

Wohnung katzensicher machen

Besonders Jungtiere sind vielen Gefahren ausgesetzt, denn sie sind neugierig, unerfahren und ungeschickt. Eine Mischung, die schnell zu einem Unfall führen kann.

Sicherheit für Balkone und Fenster

Ihre Siamkatze liebt den Platz am geöffneten Fenster oder sie liegt lang ausgestreckt auf der Balkonbrüstung. Selbst eine ausgewachsene Katze kann schnell abstürzen. Stürze aus großer Höhe überstehen Katzen nur in seltenen Fällen unbeschadet. Leider entspricht es nicht den Tatsachen, dass Katzen aus großer Höhe stürzen können, ohne Schaden zu nehmen. Katzen laufen nach so einem Erlebnis meist auch dann ohne zu erkennbare Verletzungen weiter, wenn sie Knochenbrüche haben oder innere Organe bluten. Oft zeigt sich erst nach Tagen, wie schwer die Katze verletzt ist. Außerdem reagieren Siamesen, die plötzlich in ein ihnen unbekanntes Gebiet fallen, panisch. Es kann geschehen, dass sie sich verirren oder vor ein Auto laufen.

Abbildung 4: Balkone etc. sollten richtig gesichert sein.

Katzen lieben es, aus dem Fenster zu sehen. Bringen Sie stabile Netze oder Gitter an allen Fenstern, die Sie öffnen können und an Balkonen an. Im Fachhandel bekommen die ausgezeichnete Systeme, die sich einfach anbringen lassen und die auch für Mietwohnungen geeignet sind.

Tipp: Kontrollieren Sie die Gitter von außen zugänglichen Fenstern, Balkonen und Außengehegen täglich. Katzenfänger zerschneiden diese häufig nachts und lauern auf Katzen, die ausbrechen.

Eine sehr große, kaum bekannte Gefahr geht von Fenstern in Kippstellung aus. Die neugierigen Katzen untersuchen den Spalt und versuchen, hindurch zu klettern oder zu springen. Da Siamkatzen einen schmalen Kopf haben, passen sie im oberen Bereich durch den Spalt. Dann rutschen die armen Tiere nach unten und klemmen fest. Das geht leider sehr oft tödlich aus. Besorgen Sie trapezförmige Gitter, die Sie am Fensterrahmen anbringen können. So verhindern Sie, dass Ihre Siamesen in diese Falle geraten.

Abbildung 5: Ihre Katze erkennt die Gefahr auf dem Balkon nicht.

Achtung Gift

Für Katzen sind viele Produkte und Mittel giftig, die Menschen als unproblematisch ansehen. Wie sie der Tabelle entnehmen können, ist einiges für Ihre Siamesen schädlich, was Sie als Mensch unbedenklich essen dürfen.

Produkt	Giftstoff	Symptome
Avocado	Persin	Atemnot Husten Bauchwassersucht Unterhautödeme erhöhte Herzfrequenz **endet oft tödlich**
Schokolade Kakao	Theobromin	Durchfall Erbrechen geschwollener Bauch unruhiges Verhalten Krampfanfälle Herz-Kreislauf-Probleme **kann tödlich enden**
Schweinefleisch (roh)	Kann Aujeszky-Viren enthalten	Erbrechen Unruhe Häufiges miauen Speicheln Aggressives Verhalten Juckreiz Bewegungsstörungen Lähmung **Virusinfektion endet** **tödlich**
Steinobst Weintrauben	Enthält Toxine, die sich zu Blausäure entwickeln können	Erbrechen Herzklopfen Atembeschwerden
Thunfisch Leber	Methylquecksilber Vitamin A	Nierenproblemen Fettleber

		Herzerkrankungen Augenerkrankungen **gelegentlich in kleinen Mengen unschädlich**
Zwiebeln Schnittlauch Knoblauch	Schwefelverbindungen zerstören die roten Blutkörperchen	Durchfall Erbrechen erhöhte Atem- und Herzfrequenz der Samtpfoten blasse Schleimhäute Urin dunkel verfärbt **kann tödlich enden**

Füttern Sie Ihr Katzen daher nicht mit Ihrem Essen und räumen Sie Essensreste sofort vom Tisch. Achten Sie außerdem darauf, wo sie die Lebensmittel lagern.

Erkundigen Sie ich vor dem Einzug der Katze, welche Ihrer Zimmerpflanzen dem Tier schaden können. Nahezu alle Katzen neigen dazu, am Grünzeug zu nagen. Eine Gefahr geht auch vom Gießwasser im Untersetzer aus.

Selbst normale Putz- und Reinigungsmittel sowie Pflanzendünger sind giftig. Katzen lecken gerne an Kunststoffen und natürlich ist auch ein Bioreiniger in hoch konzentrierter Form für die Tiere giftig.

Bringen Sie alles, was Ihren Siamesen gefährlich werden kann, in verschließbaren Schränken unter. Montieren Sie Kindersicherungen, wenn an Türen oder Schubladen kein

Schloss vorhanden ist. Die intelligenten Siamkatzen lernen schnell alles zu öffnen, was nicht gesichert ist.

Manches willkommene Spielzeug ist zwar nicht giftig, kann trotzdem für eine Katze gefährlich werden. Nähnadeln, Zwirn, Gummibänder, Lametta und Plastiktüten können die Katze ersticken oder zu Verdauungsproblemen führen. Kleine Spielzeuge aus Weichplastik bergen ebenfalls Gefahren. Manche Katzen sind ganz verrückt auf diese Kunststoffe und fressen die Spielzeuge. Im Magen entweichen die Weichmacher und die Teile verwandeln sich in harte und scharfe Splitter.

Dreidimensional denken

Wie bereits erwähnt, nutzt Ihre Siamkatze den gesamten Raum. Es gibt also keine unerreichbare Höhe für die Tiere. Schauen Sie sich jeden Raum an und stellen Sie sich vor, was geschieht, wenn Ihre Katze sich darin von unten nach oben bewegt. Was kann herabstürzen? Welche Folgen haben die Stürze?

Sichern Sie schwere Geräte wie Fernseher, Computer und Musikanlagen. Eine Katze, die darauf springt oder das Kabel als Kletterhilfe nutzt, kann sogar solche Einrichtungsgegenstände hinabwerfen.

Winzlinge in Gefahr

Abbildung 6: Katzenbabys sind besonders neugierig.

Die Minis sind besonders gefährdet, da sie extrem neugierig und unerfahren sind. Hinzukommt, dass die Winzlinge es schaffen, an Orte zu gelangen, die für große Katzen unerreichbar sind. Die Zwerge klettern sogar hinter einen Backofen oder zwängen sich in enge Blumenvasen, aus denen sie sich nicht befreien können. Halten Sie sich vor Augen: Wo das Köpfchen durchpasst, kommt auch die ganze Katze rein.

Die meisten Katzenhalter stellen das Katzenklo ins Gäste-WC oder ins Bad. Die Toilette für Menschen kann für

Katzenwelpen zur Todesfalle werden. Die Kleinen untersuchen den Spalt zwischen Brille und Keramik, heben den meist sehr leichten Deckel hoch und klettern in den so entdeckten neuen Raum. Kein Winzling kann sich aus dem Abfluss befreien, wenn er hineingleitet. Ausgewachsenen Katzen passiert so etwas in der Regel nicht. Sichern Sie den Toilettensitz mit einer Kindersicherung oder stellen Sie etwas Schweres auf den Deckel.

Zugang zur Wohnung

Egal ob die Katze auf einem gesicherten Balkon sitzt oder in einem Freigehege, sie braucht ungehinderten Zugang zur Wohnung. Nicht jeder Mensch schätzt eine ständig geöffnete Balkontür oder Hintertür zum Garten. Bringen Sie lieber eine Katzenklappe an, damit die Mieze rein- und rausgehen kann, wie es ihr beliebt. Freigehege, die etwas vom Haus entfernt stehen, können Sie über einen Drahttunnel mit dem Eingang verbinden. Obwohl die Katzentür einen gesicherten Außenbereich mit der Wohnung verbindet, sind elektronische Türchen, die nur Katzen mit einem bestimmten Chip durchlassen, sinnvoll. Es gibt immer wieder Situationen, die es erforderlich machen, dass nur einige Tiere nach draußen dürfen. Das lässt sich mit den Spezialtüren leicht regeln.

Gesundheit und Tierarztbesuche

Regelmäßige Besuche beim Tierarzt gehören auch bei einer gesunden Katze zum Alltag. Machen Sie sich mit diesem Gedanken und mit den finanziellen Folgen vertraut.

Tierversicherung

Eine Vollversicherung, die alle Kosten beim Tierarzt abdeckt, ist kaum zu finden beziehungsweise extrem teuer. Günstige Tarife, die nur ein Teil der Risiken abdecken, sind in der Regel sinnvoll, um sich vor hohen Kosten zu schützen.

Die billigsten Tarife übernehmen lediglich einen Teil der Operationskosten, die nach einem Unfall anfallen. Etwas teurer sind Tarife, die diese Kosten in voller Höhe abdecken. Solche Versicherungen schützen vor den oft extrem teuren Folgen von Unfällen und sind sehr empfehlenswert.

Wer mehr aufbringen möchte, wählt einen Tarif, der auch Operationen, die aufgrund einer Krankheit notwendig werden, abdeckt. Nicht alle Gesellschaften übernehmen zu erwartende oder freiwillige Operationen. Das heißt, die Versicherung zahlt beispielsweise für eine Krebs-OP, nicht aber für eine Zahnsanierung oder Kastration.

Extrem teuer sind Tarife, die zusätzlich sonstige

Behandlungen des Tierarztes bezahlen. Meist bekommen Sie allerdings lediglich einen Zuschuss zu den Kosten für Impfungen oder Kastrationen.

Impfen mit Verstand

Die Impfempfehlung des Instituts für Virologie der veterinärmedizinischen Universität Wien (Stand November 1997) können Sie der folgenden Tabelle entnehmen:

Infektion	Grundimmunisierung	Folgeimpfungen
Panleukopenie	9 Wochen 12 Wochen	ev. nochmals mit 16 Wochen jährlich
Katzenseuche	9 Wochen 12 Wochen	jährlich
Katzenschnupfen	9 Wochen 12 Wochen	alle 6-12 Monate
Leukose	9 Wochen 12 Wochen	jährlich
Tollwut	9 Wochen 12 Wochen	jährlich
FIP	16 Wochen 19 Wochen	jährlich

Heute betrachtet man allgemein diese Empfehlungen aus verschiedenen Gründen kritisch.

Welpen, die gesäugt werden, sind bis zur 13. Woche durch

Abwehrstoffe des Muttertieres gegen übertragbare Krankheiten geschützt. Eine Impfung in der 9. Lebenswoche belastet den Organismus, erzielt aber keinen wirksamen Schutz. Eine Erstimpfung ist aus diesem Grund frühestens in der 12. Woche sinnvoll. Eine zweite Impfung erfolgt demnach erst in der 15. oder 16. Woche.

Jede Injektion birgt das Risiko eines Impfsarkoms besonders durch Impfverstärker in Totimpfstoffen. Außerdem wirken viele Impfstoffe deutlich länger. Meist reichen Wiederholungsimpfungen alle drei Jahre aus. Je weniger Injektionen erfolgen, umso besser für das Tier.

Übrigens: Eine Einstichstelle im Nacken oder zwischen den Schulterblättern ist ungünstig, da das Sarkom absinkt, schwer zu entdecken und zu entfernen ist. Die Injektionen sollen daher am Schwanzansatz oder im Oberschenkel erfolgen, zumal Schwanz oder Bein im schlimmsten Fall amputiert werden können, ohne Katzen viel Lebensqualität zu nehmen.

Überlegen Sie für jede Infektionskrankheit, ob Ihre Siamkatze diese braucht oder nicht:

- Katzenseuche ist für Jungtiere gefährlich, daher ist eine Impfung im ersten Lebensjahr wichtig. Ältere Katzen erkranken äußerst selten.

- Bei reinen Wohnungskatzen ist eine Impfung gegen Tollwut und Leukose überflüssig, es sei denn, Sie nehmen eine eventuell infizierte Katze ins Rudel auf. Für Reisen ins Ausland oder wenn Sie die Katze in eine Pension bringen beziehungsweise für die Teilnahme an Katzenausstellungen sind diese Impfungen meistens Pflicht.

- Impfungen gegen Katzenschnupfen helfen lediglich gegen einige der Viren, welche die Krankheit auslösen. Meist verhindern sie ohnehin nicht den Ausbruch, sondern sorgen lediglich für einen schwachen Verlauf.

- Die Impfung gegen FIP ist sehr umstritten, denn nahezu alle Katzen sind mit dem Feline Coronavirus (FCoV) infiziert, ohne zu erkranken. Das Virus kann mutieren und die tödliche Bauchwassersucht auslösen. Dies geschieht nur bei 10 % der infizierten Tiere, wenn diese meistens mit Leukose infiziert sind. Vor der Impfung sollte das Tier auf jeden Fall getestet werden, ob es bereits Träger des Virus ist.

In den letzten Jahren setzt sich immer mehr die Erkenntnis durch, dass die Tiere zu früh und zu häufig geimpft werden. Meist bekommen Sie Kombipräparate und den Haltern ist nicht bewusst, dass dabei oft nahezu unwirksame Impfungen verabreicht werden.

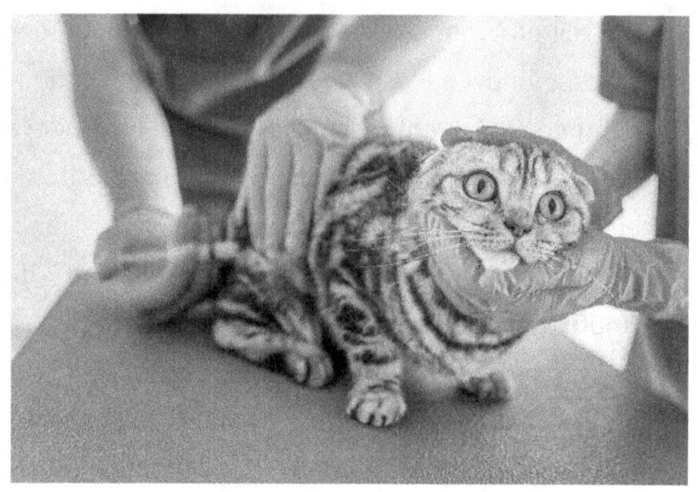

Abbildung 7: Impfungen sind teilweise hilfreich.

Information zum Chippen

Die Wahrscheinlichkeit, dass Ihre Siamkatze, die ausschließlich im Haus gehalten wird, eines Tages verschwindet, ist gering. Trotzdem sollten Sie auf den kleinen Mikrochip im Hals des Tieres nicht verzichten.

Vorteile des Chips:

- ✓ Sie können über Papiere wie einen Impfausweis nachweisen, dass Sie der rechtmäßige Eigentümer der Katze sind. Dies kann nach einem Diebstahl des Tieres oder bei einem Verkauf wichtig werden.
- ✓ Der Chip ermöglicht eine eindeutige Zuordnung der Siamkatze zum Impfpass. Nur so können Sie belegen, dass Ihre Katze geimpft ist. Einen solchen Nachweis müssen Sie bei Reisen ins Ausland, auf

Ausstellungen oder bei einer Unterbringung in einer Katzenpension erbringen.

✓ Mit dem Chip lassen sich Katzentüren und spezielle Futternäpfe öffnen. Dies ist sehr nützlich, wenn Sie mehrere Katzen halten.

Der Mikrochip erfüllt verschiedene Funktionen. In erster Linie dient er der Identifikation des Tieres und dessen Zuordnung zu einem Impfausweis. Über den Chip und die Papiere können Sie außerdem im Zweifel nachweisen, dass die Katze ihr Eigentum ist. Die Nummer des Chips hilft zusätzlich beim Auffinden verschwundener Katzen, denn Tierärzte kontrollieren meist, ob eine Ihnen erstmalig vorgestellte Katze einen Chip trägt. Organisationen wie Tasso sorgen dafür, dass Sie als Besitzer erfahren, wenn ein Tier mit der entsprechenden Chipnummer aufgefunden wird.

Im Alltag haben die Chips weitere praktische Funktionen. Sie öffnen elektronische Katzentüren und Futternäpfe und sorgen dafür, dass nur bestimmte Tiere Zugang bekommen.

Kastration ist Tierschutz

Menschen sind beim Gedanken an eine Kastration meist sofort traumatisiert. Die Sexualität gehört aber für Katzen nicht so zum Leben wie für Menschen. Sie dient der

Fortpflanzung nicht dem Lustgewinn.

Weibliche Katzen werden rollig, wenn Sie fruchtbar sind, meist zwei- bis dreimal im Jahr und wollen von einem Kater gedeckt werden. Während der ersten beiden Tage sind Katze besonders anhänglich und zeigen vermehrtes Kopfreiben und Miauen. Dann folgen etwa sechs Tage mit Unruhe, Umherwälzen, starken Lautäußerungen und Einnehmen der Deckposition. In den lichtintensiven Frühjahrs- und Sommermonaten können Katzen, die nicht gedeckt werden, alle zwei bis drei Wochen rollig werden. Das Tier ist dauerrollig und leidet extrem. Es frisst kaum noch und magert ab.

Kater sind weitgehend geschlechtslos, sofern sie keine rollige Katzendame bemerken. Dann werden sie extrem aggressiv und kämpfen verbissen darum, die Kätzin zu decken. Generell markieren sie ihr Revier mit stinkendem Urin. Eine rollige Katze in der näheren oder weiteren Umgebung versetzt den Kater in einen Ausnahmezustand. Er frisst nicht und setzt seine ganze Energie ein, um zu der Katze zu gelangen.

Siamkatzen sind mit vier bis spätestens sechs Monaten relativ frühreif. Wenn Sie keine Paarung verhindern, folgt nach einer Tragezeit von 63 bis 69 Tagen meist ein Wurf von vier bis sechs Welpen. Lassen Sie Ihre Siamkatzen also besser vor Eintritt der Geschlechtsreife kastrieren. Sie ersparen den Tieren unnötige Stress und kommen nicht in die Verlegenheit für die Babys ein zu Hause suchen zu müssen.

Die meisten Züchter vereinbaren ohnehin, dass Sie die Katzen kastrieren lassen. Einige geben die Kitten ausschließlich kastriert ab.

Wissenswertes zum Narkoserisiko

Wie bei jeder Operation bedeutet auch bei einer Kastration die Narkose ein Risiko. Dieses Risiko ist umso geringer, je besser Sie das Tier darauf vorbereiten können. Eine geplante OP oder Untersuchungen unter Narkose sollten nur stattfinden, wenn Ihre Siamkatze fit ist, also keine Infektionen, Verdauungsprobleme oder Parasitenbefall vorliegt.

Sie können übrigens Narkosen oft vermeiden, wenn Sie mit der Katze gezielt trainieren, still zu halten, auch wenn es unangenehm ist. Im Anhang gibt es ein Kapitel zu diesem Thema. Rasieren des Fells sollte die Katze ertragen, ohne sich zu wehren. Diese Prozedur ist bei Ultraschalluntersuchungen erforderlich. Eine solche Gewöhnung hat den Vorteil, dass die Katze weniger Angst beim Tierarzt hat. Eine Katze, die unter Stress steht, lässt sich schwerer narkotisieren.

Der Arzt muss mit höheren Medikamentendosen arbeiten. Dies ist eine größere Belastung für den Organismus des Tieres.

Wenn eine Narkose sich nicht vermeiden lässt, fragen Sie den Tierarzt, wie er diese vornimmt. Im Idealfall untersucht er die Katze vor dem OP-Termin gründlich. Eine Inhalationsnarkose birgt naturgemäß weniger Risiken als ein Betäuben mittels Spritze, da der Tierarzt die Dosierung bei der Inhalation besser anpassen kann. Außerdem sollte eine Überwachung der Atmung (Atemfrequenz und Sauerstoffsättigung), vom Herz-Kreislauf-System (Herzfrequenz, Pulsfrequenz, Blutdruck), der Temperatur und der Reflexe während der Narkose stattfinden.

Beachten Sie außerdem folgende Ratschläge:
- ✓ Stellen Sie die Futtergabe 12 Stunden vor der Operation ein und 2 Sunden davor auch die Wassergabe.
- ✓ Der Tierarzt muss das Erwachen der Katze überwachen. Nehmen Sie die Katze niemals narkotisiert mit nach Hause.
- ✓ Sorgen Sie für eine warme und ruhige Umgebung, bis die Katze wieder völlig fit ist. Es soll eine Rückzugsmöglichkeit vorhanden sein, aber keine Klettermöglichkeit. Manche Katzen klettern benebelt in die Höhe und stürzen ab.

✓ Warten Sie mit dem Füttern, bis die Katze wieder normal laufen kann. Dann darf sie auch wieder Wasser bekommen.

Katzen neigen dazu, Wundnähte zu belecken und auch die Fäden zu ziehen. Verhindern Sie dies, indem Sie der Katze ein Kegelhalsband (Trichterhalsband) anziehen. Wählen Sie eines aus transparentem Material, damit die Sicht nicht unnötig behindert wird. Bodys sind keine gute Lösung. Siamkatzen finden immer einen Weg, an die Wunde zu gelangen, wenn lediglich etwas Stoff dies verhindern soll.

Abbildung 8: Der Kragen verhindert, dass die Katze die Wunde leckt.

Auswahl der Siam Katze

Sie haben sich entschieden, mit zwei oder mehr der klugen und schönen Tiere zusammen zu leben? Nun kommt es darauf an, gesunde Tiere aus guter Haltung zu erstehen. Überlegen Sie sich zunächst, ob es ein Katzenbaby oder eine ausgewachsene Siamkatze sein soll.

Babykatze oder ausgewachsene Katze?

Abbildung 9: Katzenbabys bezaubern jeden.

Spontan entscheiden die meisten Menschen, dass es auf jeden Fall ein süßes und junges Kätzchen sein soll. Bei näherer Betrachtung hat es aber durchaus Vorteile, sich ein adultes Tier zuzulegen. Keiner kann sagen, wie sich ein Katzenbaby entwickelt. Dies gilt besonders für die willensstarken Siamesen. Jagdtrieb, Temperament und der

Grad der Anhänglichkeit sind so gut wie vorprogrammiert und lassen sich kaum durch Erziehung beeinflussen.

Die Verbundenheit zum Halter kann allerdings bei ausgewachsenen Siamkatzen einen Umzug zu anderen Menschen problematisch gestalten. In der Regel gewöhnen sich die Tiere nur langsam an eine neue Bezugsperson. Es braucht Geduld, bis Siamesen vertrauen fassen.

Welpen sind dagegen aufgeschlossen, aber erfordern ein deutlich größeres Maß an Aufsicht und Zuwendung. Dies kann unerfahrene Katzenbesitzer überfordern.

Auch der Preis spricht für ausgewachsene Tiere. Siamkatzenwelpen kosten je nach Zwinger und Stammbaum zwischen 500 und 800 Euro. Auch deutlich höhere Preise sind möglich. Adulte Exemplare bekommen Sie deutlich günstiger. Es handelt sich entweder um Notfalltiere, um die sich der bisherige Besitzer nicht mehr kümmern kann oder um kastrierte ehemalige Zuchttiere, von denen die Züchter sich schweren Herzens trennen. Ein gutes Heim zu finden, ist dem Verkäufer meist wichtiger als der Preis.

Züchter und Händler

Fast jeder der Katzenwelpen verkauft, bezeichnet sich als Züchter. Einen echten Züchter erkennen Sie daran, dass er

Mitglied in einem Zuchtverband ist, der auf strenge Regeln für die Haltung und Versorgung von Kitten und Elterntieren besteht. Das Regelwerk können Sie beim entsprechenden Verband einsehen. Züchter geben die Tiere mit Papieren ab. Üblich ist die Anzahl der Würfe, die eine Katze innerhalb von zwei Jahren haben darf, zu beschränken sowie die Zucht mit Tieren, die Erbkrankheiten haben, auszuschließen. Diese Maßnahmen sind für die Gesundheit der Siamesen wichtig.

Falls eine Kätzin eines Züchters von einem nicht zur Zucht zugelassenen Kater gedeckt wird, gibt es je nach Verband keine Papiere oder solche, aus denen dieser Umstand hervorgeht. Papiere heißt nicht immer, dass die Katzen für die Zucht zugelassen sind. Sie belegen aber die Herkunft der Welpen.

Sie erkennen Züchter daran, dass Sie es erlauben, Kitten und Mutter zu besuchen. Die Tiere leben in der Familie und sie lernen auch die Elterntiere kennen. Der Züchter wird Sie mit Fragen überhäufen, weil er sicher sein will, dass es den Tieren bei Ihnen gut geht.

Obwohl Siamkatzen sich rascher entwickeln als die Jungtiere anderer Katzenrassen, geben gute Züchter die Kitten erst nach der 12. Woche ab. Diese Zeit ist wichtig für das Sozialverhalten der Katzen.

„Vermehrer" und Händler lassen Sie in der Regel nicht ins Haus. Sie verstehen es ausgezeichnet, diese Maßnahme zu begründen. Wenn die Anbieter doch Käufern die Gelegenheit geben, die Jungtiere vor dem Kauf zu sehen, befinden sich diese meist in sauberen Ställen. Die Muttertiere zeigen diese Menschen nie, denn deren Elend schreckt jeden Tierfreund ab.

Da „Vermehrer" nur am Profit interessiert sind, sorgen Sie dafür, dass die Muttertiere ohne Erholungspause werfen. Oft helfen Sie mit Hormonen nach und lassen die Katzen bis ins hohe Alter decken. Kein Tierarzt kontrolliert die Gesundheit der Tiere. Aus Sparsamkeit verzichten Vermehrer auf Impfungen, daher sind viele der Welpen krank.

Achtung: Manche Händler bieten erwachsene Katzen an, die angeblich Notfalltiere sind. Oft handelt es sich um gestohlene Katzen. Fragen Sie nach den Papieren und bestehen Sie darauf, den Chip der Katze vor dem Kauf zu kontrollieren. Lesegerät für Tierchips gibt es bereits für unter 100 Euro. Vielleicht leiht Ihnen auch ein Tierarzt ein solches Gerät. Der wahre Eigentümer der Katze wird immer auch Papiere besitzen.

Eine andere Art von Händlern bietet gestohlene erwachsene Rassekatzen in Kleinanzeigen an. Sie behaupten, es handelt sich um einen Notfall, weil der Besitzer beispielsweise ins Altenheim muss. Bei solchen Anzeigen ist Vorsicht geboten. Verlangen Sie einen Nachweis, dass die Katze dem Verkäufer gehört. Der rechtmäßige Eigentümer sollte über die Zuchtpapiere verfügen und einen Impfpass vorlegen, in dem die Nummer des Chips eingetragen ist. Vereinbaren Sie, dass die Katze vor dem Kauf einem Tierarzt vorgestellt wird. Dieser kann bestätigen, ob die vorgelegten Papiere zu der angebotenen Katze gehören.

Bitte keine Mitleidskäufe tätigen

Einem Tierfreund fällt es schwer, das Kätzchen nicht aus der Hand eines „Vermehrers" zu befreien. Viele Menschen kaufen ihm ein Tier ab, nicht aus Sparsamkeit, sondern aus Mitleid mit dem Tier. Leider unterstützen Sie damit das Geschäftsmodell und viele weitere arme Kätzchen werden geboren.

Zeigen Sie solche Menschen lieber wegen Tierquälerei an oder wenden Sie sich an den Tierschutzverein. So haben Sie eine Chance, viele der Tiere vor dem Schicksal zu bewahren und retten meist auch die vorhandenen Elterntiere und alle Kitten, die sich im Besitz dieser Menschen befinden.

Nötige Anschaffungen

Natürlich müssen Sie einige Anschaffungen tätigen, damit sich die Siamkatze bei Ihnen wohlfühlt. Das beginnt mit einer Box für die Reise und endet mit den kleinen Spielzeugen für das tägliche Spiel.

Die Transportbox

Ein Weidenkorb oder eine schicke Stofftasche sind weniger geeignet als eine relativ große Box aus Kunststoff. Letztere lässt sich deutlich einfacher reinigen und desinfizieren. Bedenken Sie, dass die Katze vor Aufregung ihr Geschäft in dem Transportbehältnis verrichten könnte oder Sie vielleicht mal ein verletztes blutendes Tier zum Tierarzt bringen müssen. Solche Hinterlassenschaften bekommen Sie aus Weidengeflecht oder Stoff nicht raus.

Idealerweise sollte die Box eine Möglichkeit bieten, der Siamkatze während der Reise etwas Wasser zu geben. Auch sollte sie reichlich bemessen sein, damit sich eine ausgewachsene Katze darin bewegen kann.

Legen Sie eine Inkontinenz- oder Welpenunterlage in die Box. Solche Unterlagen saugen Feuchtigkeit auf und die Katze sitzt im Trockenen, selbst wenn sie urinieren musste. Darüber kommt eine weiche Decke oder ein Handtuch. Beschaffen Sie sich, wenn Sie Kitten abholen, zuvor eine flache Schale aus Kunststoff, in die sie etwas Katzenstreu geben.

Abbildung 10: Die Transportbox

Höhlen zum Kuscheln

Ihre Siamkatze braucht einen Rückzugsort. Ein Karton oder eine Holzkiste mit Decken reicht aus und ist zweckmäßiger als eine gepolsterte Höhle. Lose Decken können Sie einfach waschen, wenn sie schmutzig sind. Die Maße der Höhle sollen etwa 30 x 30 x 30 cm betragen. Schneiden Sie ein Loch von circa 20 cm an einer Seite hinein. Katzen lieben Höhlen, die sich in luftiger Höhe befinden. Bringen Sie also eine auf einem Schrank oder an einem Klettergerüst für die Katzen an.

Ihre Siamkatzen werden natürlich auch in der Nacht Ihre Nähe suchen und gerne Ihr Bett nutzen. Wenn Sie das nicht mögen, richten Sie einen Schlafplatz neben Ihrem Bett her. Mit Konsequenz (siehe Kapital "Erziehung") schaffen Sie es, die Katzen auf den separaten Schlafplatz zu verweisen.

Näpfe und Brunnen

Katzen lieben Sauberkeit. Aus diesem Grund brauchen Sie je Tier zwei bis drei Futternäpfe idealerweise aus Glas oder Keramik. Da Material ist ausreichend schwer, dass der Napf an seinem Platz bleibt und es lässt sich gut reinigen. Zusätzlich sind zwei bis drei tiefe Näpfe für Wasser wichtig. Ein Trinkbrunnen und abwaschbare Unterlagen runden das Sortiment an Katzengeschirr ab.

Katzenklo

Abbildung 11: Das Katzenklo

Orientieren Sie sich an dem Modell, das die Katzen kennen. Kitten haben meist ein flaches Klo, in das sie leicht hineinklettern können. Eine solche Katzentoilette reicht auch im hohen Alter oft aus.

Allerdings setzen sich manche Katzen beim Urinieren so weit nach hinten, dass die Flüssigkeit hinter das Katzenklo spritzt. Eine Ausführung mit hohem Rand ist meist die bessere Wahl als eine Haubentoilette. Ihre Siamkatze möchte zwar beim Toilettengang ungestört sein, sie will aber die Umgebung beobachten können.

Gehen Sie davon aus, dass Ihre Siamkatze sich lieber einen ihr geeignet erscheinenden Platz für die Notdurft suchen wird, als eine Toilette zu nutzen, die ihr nicht behagt. Stellen Sie daher das Modell, das Sie wünschen zunächst nur zusätzlich zur Verfügung. Geben Sie die gewohnte Streu hinein und hoffen Sie das Beste. Katzen sind durchaus bereit, ein Katzenklo gemeinsam zu nutzen. Sie bevorzugen aber, großes und kleines Geschäft an getrennten Orten zu verrichten. Idealerweise bieten Sie eine Toilette mehr an, als Katzen im Haus leben.

Das richtige Einstreu wählen

Katzenhalter wissen, dass Einstreu den meisten Katzen wichtiger ist als die Bauart der Toilette. Manche Siamkatze hat schon den Koteimer genutzt, in dem sich noch Reste der gewohnten Streu befanden, statt das Katzenklo mit einer neuen Sorte.

In den ersten Wochen ist ohnehin kein Produktwechsel angesagt. Bleiben Sie bei dem, was die Katze kennt. Außerdem ist bei Kitten und Siamesen, die am Pica-

Syndrom leiden, generell Vorsicht geboten. Verwenden Sie ausschließlich Katzenstreu, welches sich in Wasser leicht auflöst. Andere Produkte können zu schweren Verdauungsproblemen führen, wenn die Tiere sie fressen.

In der Tabelle finden Sie alle Infos zu gängigen Einstreusorten.

Produktart	Eigenschaften	Reinigen des Katzenklos
nicht klumpendes organisches Streu	+ staubt nicht + sehr saugfähig + kompostierbar + oft über das WC zu entsorgen - mittelmäßige Geruchsbindung, Manche Sorten kleben am Fell der Siam Katzen.	Täglich Kot mit Schaufel entfernen. Streu bei Bedarf auffüllen und wöchentlich komplett austauschen.
klumpendes organisches Streu	+ staubt nicht + sehr saugfähig + kompostierbar + oft über das WC zu entsorgen - mittelmäßige Geruchsbindung, Klebt meist am Fell.	Täglich Kot und Klumpen mit Schaufel entfernen. Streu bei Bedarf auffüllen und alle 2 Wochen komplett erneuern.
Silikatstreu	+ staubt nicht + sehr saugfähig + ausgezeichnete Geruchsbindung	Täglich Kot mit Schaufel entfernen und Streu etwa alle 4

	- raschelt und kann die Katze erschrecken. Ideal für Siam Katzen, sofern sie die Streu nicht fressen.	Wochen komplett erneuern. Über den Hausmüll entsorgen.
nicht klumpendes mineralisches Streu	+ sehr saugfähig + recht gute Geruchsbindung - staubt Wegen des Staubes wenig für Siam Katzen geeignet.	Täglich Kot mit Schaufel entfernen und Streu nachfüllen. Streu mindestens wöchentlich komplett austauschen. Über den Hausmüll entsorgen.
klumpendes mineralisches Streu	+ sehr saugfähig + recht gute Geruchsbindung - staubt Klebt am Fell und Staub und belastet das Fell der Siam Katzen.	Täglich Kot und Klumpen entfernen und Streu nachfüllen. Streu mindestens wöchentlich komplett erneuern. Über Hausmüll entsorgen.

Wichtig: Verzichten Sie auf Produkte mit Duftstoffen. Diese können allergische Reaktionen bei Menschen und Katzen auslösen. Außerdem mögen Katzen in der Regel keine synthetischen Duftstoffe.

Katzenmöbel

Beim Menschen stehen Kratzbaum und Schränke zum Verstecken der Katzentoilette ganz oben auf der Wunschliste. Ihre Siamesen sehen die ganze Angelegenheit mit anderen Augen. Wie erwähnt beim Toilettengang wollen Sie die Umgebung beobachten, daher schätzen Sie solche Verstecke nicht.

Ein stabiler raumhoher Kratzbaum zum Toben gefällt den Katzen natürlich. Aber die meisten Bäume aus dem Zoofachhandel sind zu klein und wackelig. Auch die abenteuerlustigste Siamkatze wird kaum glücklich sein, wenn Sie auf den Baum springt und dieser zusammenbricht oder umfällt.

Die temperamentvollen und agilen Katzen benötigen Klettermöglichkeiten. Es muss kein Baum sein. Auch zum Kratzen sind die meisten Bäume wenig geeignet.

Abbildung 12: Siamkatze sitzt auf Katzenbaum

Bieten Sie den Siamkatzen Kratzmöglichkeiten aus verschiedenen Materialien an. Sie können beispielsweise Türen mit Rupfen oder Sackleinen bespannen, Kratzbretter aus Wellpappe montieren und Sisalmatten auslegen.

Sie finden im Anhangkapitel „Katzen müssen kratzen dürfen", alles um mehr über das Bedürfnis der Katzen zu erfahren. Nur wenige Katzen sind bereit, ausschließlich einen Kratzbaum zu nutzen. In der Regel ist dieser eher ein Kletterbaum als eine willkommene Kratzgelegenheit.

Fragen Sie den Züchter, wo er seine Möblierung für die Katzen bezieht. Viele lassen diese beim Tischler anfertigen oder bauen die Bäume und Klettertürme selber. Oder vertreiben Sie sich die Zeit bis zum Einzug der Siamkatzen mit dem Bau eines Baumes.

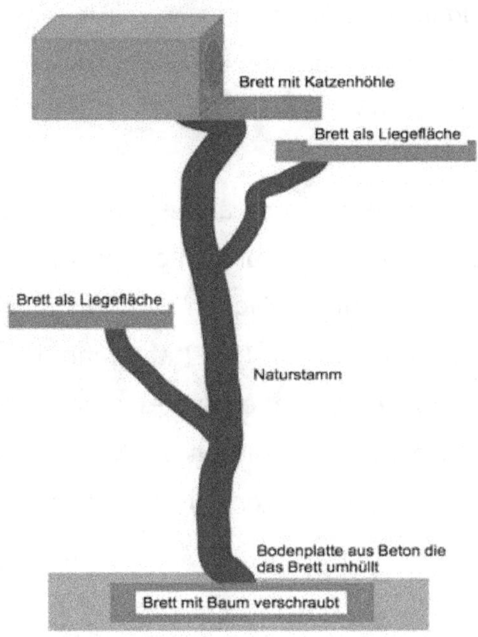

Abbildung 13: Katzenbaum Anleitung, ©rgladel

Die Skizze zeigt eine interessante Option, selbst einen stabilen Kletter- und Kratzbaum zu bauen. Besorgen Sie sich einen abgestorbenen, aber stabilen verzweigten Baumstamm oder einen sehr starken Ast. Schrauben Sie diesen mit mehreren rostfreien starken Schrauben an ein Brett. Der Stamm muss ohne Stütze stehen können. Sägen Sie die Enden parallel zum Boden ab und schrauben Sie Bretter sowie eine Höhle darauf.

Umwickeln Sie einen Teil des Stamms mit Sisalseil und bekleben Sie die Ablagen mit Teppichboden. Zum Schluss kommen noch weiche Decken in die Höhle.

Als Spielzeug lieben Katzen alles, was sich jagen lässt. Eine Stück Paketschnur ist genauso interessant wie eine aufwendig gestaltete Spielangel.

Nutzen Sie Alltagsgegenstände als Katzenspielzeug. Knüllen Sie Bällchen aus Papier, die Ihre Katze fangen soll. Lassen Sie Kartons einige Tage in der Wohnung stehen. Ein verschlossener Karton reizt Ihre Katze, ihn mit den Krallen aufzureißen. Für einige Tage ist die so eroberte Höhle ein toller Schlafplatz. Dann verlieren die Katzen das Interesse und sie können den Karton ohne schlechtes Gewissen entsorgen.

Obwohl Sie Siamesen nicht regelmäßig bürsten müssen, kaufen Sie eine weiche Gummibürste. Mit ihr entfernen Sie lose Haare beim Fellwechsel. Außerdem genießen die Katzen die sanfte Massage mit der Büste. Spezielles Katzenspielzeug müssen sie nicht anschaffen.

Abbildung 14: Pflegeausrüstung

Geschirr und Leine

Kaufen Sie für Ihre Siamkatze ein Katzengeschirr und eine lange Leine. Achten Sie darauf, eine Ausführung mit breitem gepolstertem Brustgurt zu wählen. Noch besser sind Modelle, die wie ein Body angezogen werden.

Sie können Ihren Siamesen viel Auslauf bieten, wenn Sie die Tiere bereits als Welpen an die Leine gewöhnen. Im Handel bekommen Sie Katzengeschirr, das sich auch als Sicherheitsgurt im Auto eignet. Über einen Adapter bringen Sie es an die normale Drei-Punkt-Befestigung im Pkw an. So können Sie Ihre Siamesen problemlos im Auto mitnehmen, um mit den Katzen einen Ausflug in die Natur zu unternehmen.

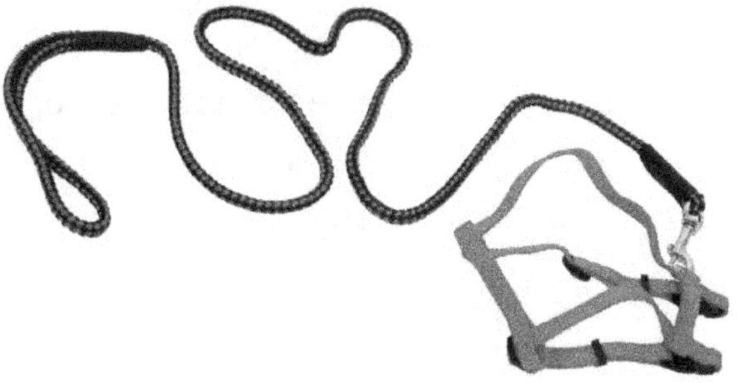

Abbildung 15: Geschirr und Leine für Katzen

Einzug der Siamesen

Nun ist der große Tag gekommen und Sie können endlich die Siamkatzen abholen. Kontrollieren Sie zur Sicherheit, ob die Wohnung katzensicher ist.

Das Abholen der Katze

Ihre Katzen sollen sich nicht fremd fühlen. Daher bringen Sie die Box bereits einige Tage vor dem Einzug zum Züchter. Bitten Sie den Verkäufer, das Transportbehältnis eingerichtet mit geöffneter Tür für die Katzen zugänglich aufzustellen. Die neugierigen Siamesen werden sie sicherlich schnell erobern und es sich darin gemütlich machen.

Am Abholtag müssen Sie meist nur die Kitten aus der Box holen, die Sie nicht mitnehmen. Stellen Sie die Schale mit etwas gebrauchtem Einstreu vom Verkäufer hinein. Nun sind die Kleinen reisebereit. Lassen Sie sich noch etwas Einstreu und Futter mitgeben.

Versuchen Sie niemals die Tiere, denen Sie noch fremd sind, ohne Box im Auto zu transportieren. Das würde die Neulinge überfordern. Setzen Sie außerdem auf keinen Fall eine fremde Katze mit in die Box.

Tipp: Wenn Sie ausgewachsene Katzen bei sich aufnehmen, sollte der Vorbesitzer diese zu Ihnen bringen. In den Augen der Tiere werden Sie unter Umständen zum „bösen Feind", der Sie aus der gewohnten Umgebung gerissen hat. Bringt der Vorbesitzer diese zu Ihnen, ist er der „Schuft", der sie weggibt. Das Verhältnis zu Ihnen bleibt unbelastet.

Eingewöhnen

Obwohl junge Siamkatzen neugierig sind und vermutlich die neue Umgebung schnell erobern werden, kann eine zu große Hektik am ersten Tag die Eingewöhnung erschweren. Kinder, die vor Begeisterung quietschen und die Katzen aus der Transportbox zerren, wirken auf ein Kätzchen bedrohlich. Auch Haustiere, die sofort auf den Neuling zu stürmen, sind ein Problem.

Stellen Sie die Box in einen ruhigen Raum und öffnen Sie die Tür. Wasser, Futter und ein Katzenklo sollen sich im Blickfeld der Neulinge befinden. Die Ankömmlinge bestimmen das Tempo und die Nähe, die sie zulassen wollen.

Stellen Sie den Transportbehälter in ein ruhiges Zimmer. Wenn Haustiere im Haushalt leben, lassen sie diese den Neuzugang im Behältnis beschnüffeln. Natürlich darf ein Hund nicht auf die Box losstürmen. Das würde die Katze erschrecken.

Lassen Sie grundsätzlich die Neuzugänge entscheiden, wann sie sich in die neue Umgebung wagen. Räumen Sie die Box auch nicht sofort weg, denn diese bleibt für lange Zeit ein Zufluchtsort, sobald die noch ungewohnte Umgebung zu unheimlich wird.

Manchmal ist es für alle Beteiligten das Beste, wenn die Kinder am Einzugstag nicht in der Wohnung sind. Sobald die Katze sich etwas sicher fühlt, wird Sie auch eine stürmische Liebesbezeugung nicht ängstigen.

Erziehung und Dressur

Niedlichen Katzenbabys möchte man alles durchgehen lassen. Das geht natürlich nicht. Beginnen Sie mit der Erziehung sofort.

Unterschied zwischen Dressur und Erziehung

Erziehung ist absolut notwendig, um das Zusammenleben mit den Katzen für alle Beteiligten angenehm zu gestalten. Dressur dagegen ist freiwillig, hat aber den Vorteil, Siamkatzen zu fordern und keine Langeweile aufkommen zu lassen.

Im Rahmen der Erziehung (besser gesagt Sozialisation) lernen Ihre Katzen Verbote zu akzeptieren und sich eine unangenehme Prozedur gefallen zu lassen. Erziehung ist mit Strafe verbunden, wenn die Katze nicht gehorcht.
Die Dressur arbeitet mit Belohnungen, wenn die Katze einen Befehl ausführt. Es gibt keine Strafe, wenn sie keine Lust dazu hat.

Katze richtig erziehen

Siamesen sind willensstark und klug. Sie wissen meist sehr schnell, was verboten ist, ignorieren ein Verbot aber lieber. Nur wenn Sie konsequent und grundsätzlich auf einem Verbot beharren, werden Sie sich durchsetzen.

Das Erziehungsprogramm läuft nach diesem Schema ab:

Legen Sie vor Einzug der Katze fest, was sie darf und was nicht. Alle Bewohner müssen künftig auf das Einhalten der Verbote achten. Bestimmen Sie außerdem, wer mit der Katze trainiert, etwas Unangenehmes zu erdulden.

Entscheiden Sie sich für ein einziges Wort, mit der Sie der Katze etwas verbieten. „Nein" oder „Aus" eignen sich besser als „Pfui" oder Ähnliches. Sie müssen sonst vielleicht einem Gast erklären, wieso sein Gepäck „pfui" ist.

Verbinden Sie Verbote mit Orten, nicht mit Personen. Die Katze darf beispielsweise bei Otto im Bett schlafen, aber nicht in dem von Tina. Sie wird aber nie verstehen, wenn Otto ihr verbietet, auf dem Tisch zu sitzen und Tina es ihr erlaubt.

Unterbrechen Sie eine verbotene Handlung grundsätzlich immer. Wenn die Katze an etwas Unangenehmes gewöhnt werden soll, fahren Sie damit fort, auch wenn die Katze sich beschwert. Ignorieren Sie die Katze und deren Protest. Nehmen Sie erst wieder Notiz von der Katze, wenn sie sich erkennbar nicht mehr der verbotenen Handlung zuwendet.

Auf die Liste der Verbote gehört beispielsweise betteln bei Tisch oder zu heftiges Kratzen und Beißen im Spiel. Sie dürfen ruhig etwas wehleidig sein und schon beim geringsten Schmerz eingreifen. Ihre Katze wird größer und stärker. Der Biss einer Babykatze ist zu ertragen, der einer ausgewachsenen Siamkatze führt zu Verletzungen.

Denken Sie bei der Verbotsliste grundsätzlich an eine ausgewachsene Katze. Ein Kätzchen, das in der Gardine schaukelt, ist süß. Als adultes Tier wird sie diese zerstören.

Die Strafe ist ein konsequentes Beenden der unerlaubten Handlung und das anschließende Ignorieren der Katze unterstützt dabei, auch wenn diese lautstark protestiert. Reagieren Sie immer auf die gleiche Art und Weise, auch wenn Sie auf dem Sofa liegen und lesen oder gerade telefonieren. Es darf keine Ausnahme geben.

Etwas schwieriger ist eine Katze daran zu gewöhnen, dass Sie bestimmen, ob sie gebürstet wird oder eine Kontrolle der Zähne oder ähnliches stattfindet. Beginnen Sie mit solchen Pflegeritualen bereits bei Katzenbabys. Die Bestrafung ist bei diesen Übungen, dass sie Ihre Handlung nicht beenden, wenn die Katze sich zu wehren beginnt.

Wichtig: Übertreiben Sie es nicht. Wenn die Katze das Bürsten ablehnt, genügen zwei bis drei Bürstenstriche, um ihr zu zeigen, dass ihre Gegenwehr keinen Erfolg hat. Viele der Handlungen, die der Katze zunächst unangenehm sind, wird sie später sogar genießen. Die meisten Katzen lieben es, gebürstet zu werden. Sie müssen nur die Scheu vor der Berührung mit einem unheimlichen Gegenstand überwinden. Gleiches gilt für das Anlegen des Geschirrs. Es ängstigt die Katze, aber sie lernt schnell, dass diese Kleidung ihr zu einem Ausflug ins Freie verhilft.

Warum die Dressur wichtig ist

Die intelligenten Siamesen langweilen sich als reine Wohnungskatzen. Die Dressur ist eine ausgezeichnete Möglichkeit, dem vorzubeugen. Ihre Siams genießen sowohl die intensive Beschäftigung mit ihnen als auch die Herausforderung. Sie sind meist begierig, immer wieder etwas Neues zu lernen.

Zur Dressur gehört die Belohnung, die aus lobenden Worten, Streicheln und der Gabe von Leckereien besteht. Das sogenannte Klickertraining ersetzt die zusätzliche Essensgabe durch ein typisches Geräusch. Es spricht nichts dagegen, Katzen gelegentlich kleine Snacks zu geben. Bei einem intensiven Training besteht aber die Gefahr, dass Ihre Katze so viel Futter beim Training nascht, dass sie kein normales Katzenfutter frisst, weil sie satt ist. Dem beugen Sie durch das Klickertraining vor.

Das Klickertrainig

Zu Beginn erfolgt die Konditionierung auf den Klick. Später ersetzt das Geräusch den Belohnungssnack.

Sie benötigen einen Klicker, also einen kleinen Apparat, der auf Knopfdruck ein typisches Geräusch erzeugt. Dieses Geräusch kommt im Alltag nicht vor. Die Apparate gibt es in jeder Zoohandlung.

<u>So läuft die Konditionierung ab:</u>

1. Halten Sie den Apparat in einer Hand und ein Leckerchen in der anderen Hand. Achten Sie darauf, dass die Katze beides nicht sieht.
2. Nun lenken Sie die Aufmerksamkeit der Siamkatze auf sich. Warten Sie, bis das Tier Sie interessiert mit den Augen fixiert
3. Geben Sie der Katze die Belohnung und erzeugen Sie gleichzeitig das Geräusch.
4. Wiederholen Sie das Ganze etwa fünf- bis zehnmal am Tag.

So erreichen Sie, dass die Katze das Geräusch mit der Belohnung verbindet. Das ist eine klassische Konditionierung wie beim pawlowschen Hund. Der russische Forscher Iwan Petrowitsch Pawlow hat regelmäßig beim Füttern der Hunde eine Glocke ertönen lassen. Nach einiger Zeit reichte der Glockenklang aus, um den Speichelfluss der Hunde anzuregen. Für die Katze ist der Klick nun gleichbedeutend mit der Gabe eines Leckerbissens.

Artgerechte Kunststücke

Viele Menschen sind unsicher, ob Sie es der Siamkatze zumuten sollen, Kunststücke zu lernen. Sie fürchten, dem Tier etwas zuzumuten, das nicht artgerecht ist. Dabei vergessen Sie, dass die Katze meist lediglich alltägliche Bewegungen ausführt. Sie macht es nun allerdings auf Befehl.

Ihre Katze setzt sich beispielsweise hin, weil sie so bequem eine Leckerei in der Hand beobachten kann. Sie streckt sich danach und steht auf den Hinterbeinen, um sie zu erreichen. Katzen legen sich auch sehr oft auf den Rücken, um einfach zu entspannen oder weil sie so bequem etwas beobachten können. Jede Siamkatze springt mit Begeisterung von einem Ort zum anderen.

Die Bewegungen werden zum Kunststück, wenn sie diese auf Befehl ausführt. Je nach Kommandowort erscheint der Vorgang durchaus absurd und in keiner Weise Artgerecht. „Spiel tote Katze"; „Mach Männchen" und ähnliche Kommandos erwecken den Eindruck, dass Ihre Katze etwas ausführt, was nicht ihrer Natur entspricht.

Manches wird erst durch Ihre Handlung zu einer tollen

artistischen Nummer. Siamesen ist es egal, ob Sie einen Reifen in die Flugbahn halten, wenn sie vom Stuhl auf die Fensterbank hopst. Der Betrachter sieht ein Tier, das auf Kommando durch einen Reifen springt.

Beobachten Sie vom ersten Tag an, welche Bewegungen die Katze ausführt, die sich zum Kunststück ausbauen lassen. Versuchen Sie, diese gezielt auszulösen. Überlegen Sie sich Kommandoworte, die Sie immer sagen, wenn die Katze etwas Bestimmtes macht.

<u>Beispiel</u>:

Das Tier setzt sich, wenn Sie eine Dose öffnen, erwartungsvoll vor den Futternapf. Sagen Sie „Sitz" und geben Sie eine Belohnung beziehungsweise lösen Sie einen Klick aus. Die klugen Siamesen verbinden schnell, dass sie eine Belohnung bekommen, wenn sie sich auf Kommando hinsetzen.

Wichtig:

- Sie brauchen für jedes Kunststück ein festgelegtes einfaches Kommandowort, das Sie immer verwenden, sobald die Katze das erwünschte Verhalten zeigt.
- Geben Sie nie eine Belohnung, wenn dies nicht erfolgt. Packen Sie einen Leckerbissen, den Sie schon in der Hand halten weg.

Sobald Sie anders handeln, lernen die cleveren Katzen sehr schnell, dass es die Belohnung immer gibt, egal ob sie gehorchen oder nicht.

Krankheitszeichen erkennen

Krankheiten sind bei Katzen generell schwierig zu erkennen, da die Tiere es verstehen, Symptome zu verstecken. Unarten sind daher oft kein Zeichen einer Krankheit, sondern Ausdruck, dass der Katze etwas nicht gefällt oder sie verunsichert ist.

Urinieren beispielsweise dient dem Markieren. Neue Möbel oder Kleidung, die nach Ansicht der Katze seltsam riecht, veranlassen sie, diese Sachen zu bepinkeln. Manche Katzen erbrechen sich auch bewusst an diesen Stellen.

Scheinbar grundlose Aggressivität kann Ausdruck von Angst sein. Vielleicht haben sie der Katze wehgetan, ohne es gleich zu bemerken.

Überlegen Sie daher immer zunächst, welche Veränderungen oder Ereignisse ein ungewöhnliche Verhalten ausgelöst haben können.

Beobachten Sie die Katze aufmerksam, wenn Sie ruhiger als gewohnt ist, wenig frisst und insgesamt apathisch wirkt. Dies lässt eine Krankheit vermuten.

Einige Anzeichen deuten aber eindeutig auf eine Krankheit hin und sollten Sie veranlassen Ihre Siamkatze schnellsten zum Tierarzt zu bringen:

- Ihre Katze geht ungewöhnlich oft auf die Toilette und kann weder Kot noch Urin absetzen.
- Im Kot oder Urin ist Blut zu sehen.
- Starkes Speicheln deutet oft auf eine Vergiftung hin.
- Die Katze hat einen harten Bauch.
- Problematisch ist, wenn eine Katze länger als einen Tag keine Nahrung aufnimmt.
- Das Tier atmet flach, hechelt oder zeigt sonstige Zeichen von Atemnot.
- Aus der Nase tritt Schleim aus.
- Stinkender eitriger Schleim an den Augen.
- Geruch aus dem Ohr.
- Die Katze hinkt erkennbar.
- Ihr Gang ist unsicher, sie taumelt oder sie stürzt häufig beim Klettern ab.

In der Tabelle sind Symptome, mögliche harmlose Ursachen und Alarmsignal zusammengestellt, die eine sofortige tierärztliche Behandlung erfordern.

Symptom	Harmlose Ursache	Alarmsignal/ gefährliche Ursachen
Abmagern	Paarungszeit, erhöhte Aktivität	Erbrechen, Durchfall / Parasiten, Infektion

Appetitmangel	Futter schmeckt nicht. Frisst beim Nachbarn.	Speicheln, Durchfall, Erbrechen, Fieber / Entzündungen, Tumor
Atemnot		Fremdkörper im Rachen, Fieber, Flankenatmung, Husten, Niesen, Würgen / Katzenschnupfen, Kehlkopfentzündung, Lungenentzündung
Bauch voll und dick	Viel gefressen. Futter bläht. Futterumstellung, Fettsucht, Trächtigkeit	Schmerzen, Erbrechen, kein Kot, Darmgeräusche, Scheidenausfluss, Atemnot / Darmverschluss, starke Verstopfung, Entzündung, Harnwegprobleme, Geburtskomplikation, FIP
Durchfall	Futterumstellung, verdorbenes Futter, frisst zu gierig, Milch getrunken.	Fieber, Erbrechen, Durchfall ist wässrig-schaumig-blutig, Abgang von Parasiten / Entzündungen, Parasitenbefall
Erbrechen	Überfressen, Haarwechsel	Durchfall, Fieber, blasse Schleimhäute, verspannter Bauch, Schmerzen / Infektion, Parasiten
Frisst nicht	Überfressen, Futter ist zu heiß oder kalt, ungewohntes Futter	Speicheln, Mundgeruch, Fieber, Apathie / Entzündungen, Fremdkörper im Maul

Frisst viel	Zuvor Futtermangel, Futterneid	Nickhautvorfall, Abmagerung, trinkt viel / Drüsenerkrankung, Diabetes, Parasitenbefall
Haarausfall	Haarwechsel	Ruhelosigkeit, Juckreiz, Würmer im Kot / Hautpilz, Darmparasiten, Vergiftung
vermehrter Harnabsatz	viel getrunken, Unruhe vor der Geburt	Abmagerung, blutiger Urin, schmerzhafter Bauch, Scheidenausfluss / Entzündungen, Diabetes
verminderter Harnabsatz	Trinkt wenig, Macht draußen ihr Geschäft.	Bauch voll, hart und schmerzhaft, Apathie, Fieber / Nierenprobleme, Harnsteine
Hautausschlag	kratzt sich gelegentlich, zu viel Trockenfutter, Flohstiche	Haarausfall, Juckreiz, Rötung, Schuppen / Ekzem, Parasiten, Hautpilz. Lebererkrankung
Husten	Verschluckt, auswürgen von Gras mit Haaren.	Erbrechen, verstärkte Atmung, Augenentzündung, Speicheln, Fieber / Entzündungen, Fremdkörper im Rachen
Lahmheit	Verklebte Haare zwischen den Ballen.	Hochgradige Lahmheit, abnorme Stellung des Beins / eingetretener Fremdkörper, Verletzung, Zerrung, Knochenbruch, Gelenkentzündung

Starkes Lecken	Ektoparasiten, Rolligkeit, beginnende Geburt, Insektenstich	Haarausfall, Juckreiz, Abmagerung, Ausfluss / Ekzeme, Hautpilz, starker Parasitenbefall
Mundgeruch	Einseitige Ernährung mit Fisch	Speichelausfluss, frisst nicht, Würgen / Zahn- oder Zahnfleischprobleme, Entzündungen
Speicheln	Zahnung	Mundgeruch, frisst nicht, Krämpfe, Schluckbeschwerden / Zahn- oder Zahnfleischprobleme, Entzündungen, Vergiftung
Trinkt viel	Heißes Wetter, viel Trockenfutter	Großkalibrige Stühle, häufiges Wasserlassen, frisst viel, Scheidenausfluss / Entzündungen, Diabetes
Örtliche Schwellungen	Blasen, kleine Entzündung nach Verletzung	Bereich ist heiß und schmerzt, wächst kontinuierlich weiter, sondert Sekret ab / Abszess, Tumor, Hämatom
Verstopfung	Zuviel Trockenfutter oder Knochen gefressen. Haarwechsel	Bauch hart, Schmerzen, Herz und Puls beschleunigt / Darmverschluss, Tumor im Darm, Parasiten
Zwang ohne Absatz	Verstopfung, nahende Geburt	Apathie, Ruhelosigkeit, Schmerzäußerung, blutiger Ausfluss /

		Harnsteine, Verstopfung, Geburtskomplikation, Lähmung

Wie Sie sehen, muss nicht jedes Symptom auf eine schwere Krankheit hinweisen. Beobachten Sie aber harmlose Symptome genau. Wenn die Symptome anhalten, müssen Sie mit der Siam Katze unbedingt zum Tierarzt.

Anhang mit Tipps und Tricks

Umstellung des Futters

Vermutlich hat der Züchter die Kitten mit einer bestimmten Sorte hochwertigem Futter versorgt. Behalten Sie diese Fütterung etwa bis zum 6. Lebensmonat bei. Danach ist es besser, die Siamesen daran zu gewöhnen, unterschiedliches Futter zu akzeptieren. Immerhin kann es geschehen, dass es das gewohnte Futter eines Tages nicht mehr gibt oder der Hersteller die Rezeptur ändert. Außerdem ist Abwechslung einfach angemessen, denn in der Natur gibt es auch keine Katze, die sich ausschließlich von Mäusen ernährt. Sie frisst, was ihr das Jagdglück serviert - Vögel, Fische, Reptilien, Spinnen und Insekten.

Der Organismus der Katzen gewöhnt sich sehr schnell an eine einseitige Ernährung und meist weigern sich die Tiere etwas zu fressen, was sie nicht kennen. Führen Sie die Siamesen behutsam in ein neues Ernährungsprogramm:

1. Entscheiden Sie sich für zwei bis drei Futtersorten, die Ihre Katze künftig zusätzlich bekommen soll.

2. Füttern Sie weiter das gewohnte Futter, aber mischen Sie einen Esslöffel einer der neuen Sorten unter das Futter.

3. Wechseln Sie bei jeder Mahlzeit beziehungsweise im Tagesrhythmus die neue Sorte. So lernen die Siamesen einen ihnen bisher unbekannten Geschmack kennen.

4. Nach etwa circa 14 Tagen mischen Sie nun eine der neuen Sorten im Verhältnis 1:1 unter das gewohnte Futter.

5. Wechseln Sie wieder täglich beziehungsweise bei jeder Mahlzeit die neue Sorte, die sie zugeben.

Nach etwa 14 Tagen akzeptieren die Katzen meist die neuen Sorten. Wechseln Sie nun regelmäßig beim Füttern zwischen allen der Katze bekannten Futtersorten.

Wichtig: Katze dürfen nicht hungern, denn ohne regelmäßige Proteinzufuhr kann eine hepatische Lipidose (Fettleber) entstehen. Selbst unter tierärztlicher Behandlung sterben viele Katzen daran. Daher versuchen Sie nicht, die Katze durch Futterentzug dazu zu zwingen, ein ungewohntes Futter zu fressen.

Problematik bei BARF

Viele Katzenbesitzer sind überzeugt, dass nur eine „biologische artgerecht Rohfütterung" (BARF) für Katzen die richtige Ernährung ist. Aber die Rohkost, die Menschen den Katzen bieten, hat nichts mit der Nahrung gemeinsam, welche die Artgenossen in der Natur zu sich nehmen. Muskelfleisch von Großtieren hat eine völlig andere Zusammensetzung als Kleintiere. Dies gilt besonders, da Katzen diese mit Haut und Haaren verschlingen. Wer seine Katze ausschließlich mit rohem Fleisch größerer Säugetiere füttert, riskiert eine Unterversorgung von Taurin, Vitaminen und Mineralien.

Sie müssen darauf achten, ein ausgewogenes Verhältnis davon dem Futter zuzufügen. Während ein Zusatz von wasserlöslichen Vitaminen wie B1 (Thiamin), B2 (Riboflavin), B3 (Niacin), B5 (Pantothensäure), B6 (Pyridoxin), B7 (Biotin), B9/B11 (Folsäure), B12 (Cobalamin) und C (Ascorbinsäure) unproblematisch ist, besteht eine Gefahr, wenn Sie zu viele fettlösliche Vitamine wie A (Retinol), D (Cholecalciferol), E (Tocopherol) und K (Phyllochinon) der Nahrung beimengen. Wasserlösliche Vitamine scheiden Katzen problemlos aus, daher bleibt eine Überdosierung ohne Folgen. Vitamin E kann zumindest bei Jungtieren zu einer tödlichen Vergiftung führen. Vitamin D begünstigt die Bildung von Harnsteinen auch bei älteren Katzen.

Ob Sie den Siamesen Rindfleisch, Geflügel, Wild oder Schaf verfüttern, ist unerheblich. Das Fleisch muss aber frisch sein, denn Katzen sind keine Aasfresser. Schweinefleisch gehört nicht auf den Speiseplan der Katze, denn es kann das Aujeszky-Virus (Erreger der Pseudotollwut) enthalten. Bisher ist nicht geklärt, ob dieser durch Hitze abgetötet wird. Geflügel sollte Sie wegen der Salmonellengefahr besser durchgaren.

Generell beinhalte eine Rohfleischfütterung die Möglichkeit, dass sie Keime wie Salmonellen, Escherichia Coli, Campylobacter oder den Parasiten Toxoplasma gondii ins Haus holen. Der Katze schadet das meist kaum, selbst wenn ein paar der Keime oder Parasiten im Napf liegen. Für Schwangere oder kleine Kinder erwächst daraus aber eine Gefahr.

Die Zubereitung und die Vorratshaltung von frischem Fleisch ist sehr aufwendig, das Dosieren von Vitaminen und Mineralien eine Wissenschaft für sich. Deutlich einfach ist fertiges gefrorenes Barf-Komplettfutter aus dem Fachhandel zu beziehen.

Viele Katzenbesitzer gehen einen Kompromiss ein und füttern der Katze an ein bis zwei Tagen in der Woche rohes Fleisch. Auch die Gabe von Küken und Mäusen schätzen manche Siamesen sehr. Gefrorene Kleintiere bietet der Fachhandel als Schlangenfutter an.

Wichtig: Waschen Sie sich gründlich die Hände, nachdem Sie mit rohem Fleisch hantiert haben.

Diäten bei mehreren Tieren einhalten

Wenn Sie mehrere Tiere besitzen, werden Sie zumindest zeitweise in der Situation sein, dass sich nicht alle nach Belieben an den Futternäpfen bedienen dürfen. Es ist relativ einfach zu verhindern, dass Hunde an das Katzenfutter gehen. Füttern Sie die Katzen an einem Platz, den Hunde nicht erreichen können, beispielsweise auf der Fensterbank oder auf den Kratzbaum. Katzen vergreifen sich meist nicht am Hundefutter. Damit lässt sich das Problem, Hunde und Katzen mit unterschiedlichem Futter zu versorgen, meist lösen.

Schwieriger gestaltet sich jeder Katze ein bestimmtes Futter zuzuteilen. Bei Nieren- oder Leberprobleme brauchen die kranken Katzen anderes Futter als die Gesunden. Auch große Alters- oder Gewichtsunterschiede erfordern oft eine genaue Zuteilung des Futters. Dies lässt sich meist nur die Spezialnäpfe lösen, in denen das Futter unter einem Deckel verborgen wird. Nur wenn sich eine Katze mit dem Chip nähert, für den Sie den Öffnungsmechanismus programmiert haben, hebt sich der Deckel.

Was ist bei Schwangerschaften von Frauchen zu beachten

Katzen stellen keine besondere Gefahr für Schwangere und Babys dar. Eine Infektion mit Toxoplasma gondii ist nur für werdende Mütter gefährlich, die bisher keine Toxoplasmose hatten. Da die Krankheit oft unbemerkt bleibt, sollte jede Frau vor einer geplanten Schwangerschaft beziehungsweise sofort, wenn sie weiß, dass Sie schwanger ist, einen entsprechenden Test machen lassen. Wenn Sie die Krankheit hatte, besteht keine Gefahr.

Sollten Sie noch nie eine Toxoplasmose überstanden haben, ist Vorsicht angesagt, nicht nur im Hinblick auf die Katze.

- Essen Sie weder rohes Fleisch noch Rohwurst und vermeiden Sie, solche Produkte anzufassen.
- Tragen Sie bei der Gartenarbeit Handschuhe und Mundschutz.
- Waschen Sie Obst und Gemüse gründlich.
- Reinigen Sie nicht das Katzenklo.
- Die Katzentoilette soll ein anderer täglich mit über 60° heißem Wasser reinigen.

Sie dürfen natürlich mit der Katze spielen und sie auch streicheln. Waschen Sie sich anschließend gründlich die Hände.

Unangenehmes erdulden

Um der Katze unnötige Narkosen zu ersparen, muss sie dulden, wenn Medikamente ins Ohr oder die Augen geträufelt werden. Auch eine Inspektion der Pfoten oder Ultraschalluntersuchungen sollte sie aushalten. Viele Katzen sind bereit, sich zu diesem Zweck auf einer speziellen Unterlage fixieren zu lassen. Sie wehren sich aber gegen eine Rasur oder eine Berührung mit dem Sensor. Nur wenn Ihnen die Geräusche und die Berührungen vertraut sind, braucht es zumindest keine längere Narkose.

Gewöhnen Sie sich an, die Katze bereits als Welpe wöchentlich zu „untersuchen". Schauen Sie sich Ohren, Augen und die Pfoten genau an. Legen Sie dabei auch den Finger in die Ohrmuschel. Sagen Sie deutlich „Nein", wenn die Katze sich wehrt und beenden Sie die Untersuchung.

Etwas mehr Geduld erfordert es, Katzen an eine Rasur zu gewöhnen. Beginnen Sie damit, das Tier in die Rückenlage zu bringen und festzuhalten. Sobald es sich daran gewöhnt hat, berühren Sie es mit einem ausgeschalteten Rasierapparat. Das Tier lernt, dass dieses Gerät ihm nichts tut.

Der nächste Schritt ist noch etwas schwieriger. Decken Sie den Scherkopf an, denn Sie wollen die Katze nicht rasieren, sie soll ich aber an die Vibration gewöhnen. Jetzt erfolgt eine sehr kurze Berührung mit dem brummenden und vibrierenden Apparat. Erst wenn Ihre Siamkatze sich davor nicht mehr erschreckt, bewegen Sie den Rasierer, als wollen Sie ein Stück Fell wegrasieren.

Nach jeder Sitzung, in der die arme Katze etwas ertragen musste, bekommt sie eine Belohnung. Damit die Siamesen nicht das Wehren mit der Belohnung verknüpfen, lassen Sie das Tier erst einen einfachen Befehl ausführen. Danach gibt es das Leckerchen.

Die Katze lernt, dass es sich lohnt, einiges zu ertragen, denn es geschieht ihr nicht Schlimmes und anschließend macht Sie ein Kunststück, um eine Belohnung zu erhalten.

An die Leine gewöhnen

Siamkatzen begleiten ihre Menschen gerne und nehmen es hin, dass sie dies manchmal nur an der Leine dürfen. Allerdings müssen Sie bereits mit dem Babykätzchen trainieren. Beginnen Sie damit, das Geschirr anzulegen und spielen Sie anschließend mit dem Tier. Sie dürfen auch einen Leckerbissen geben. Nehmen Sie das ungewohnte „Kleidungsstück" nach einigen Minuten ab. Wiederholen Sie den Vorgang täglich, bis Ihre Katze den Vorgang ohne Angst hinnimmt. Nun klinken Sie die Leine ein und spielen wieder mit ihr in der gewohnten Umgebung.

Nach einigen Tagen gehen Sie mit der Katze ganz entspannt für eine kurze Zeit vor die Tür, sodass die Katze erste Erfahrungen machen kann. Erweitern Sie die Spaziergänge und versuchen Sie auch kurze Autofahrten. Vermeiden Sie alles, was die Katze erschreckt.

<u>Beispiel</u>:

Sie schnallen die Siamkatze mit der Leine im Auto an und starten den Motor. Fahren Sie erst los, wenn die Katze durch die Vibration nicht mehr beunruhigt ist. Achten Sie auf flüssiges und sanftes Fahren (ohne Kavalierstart und Vollbremsung).

Katzen müssen kratzen dürfen

Auf die Frage, warum Katzen an Bäumen, Wänden oder Möbeln kratzen, antworten die meisten Katzenhalter: „Weil sie sich die Krallen wetzen". Diese Vorstellung trifft die Sache nicht. Niemand kürzt sich die Fingernägel durch Kratzen an Sisal – weder Katze noch Mensch. Abgesehen davon haben Sie schon mal eine Katze gesehen, die sich die Krallen an den Hinterfüßen an einem Baum schärft?

Üblicherweise pflegen Katzen diese sehr ausgiebig mit den Zähnen und ziehen dabei auch die sogenannten Krallenschuhe ab, also die äußere alte Hornschicht.

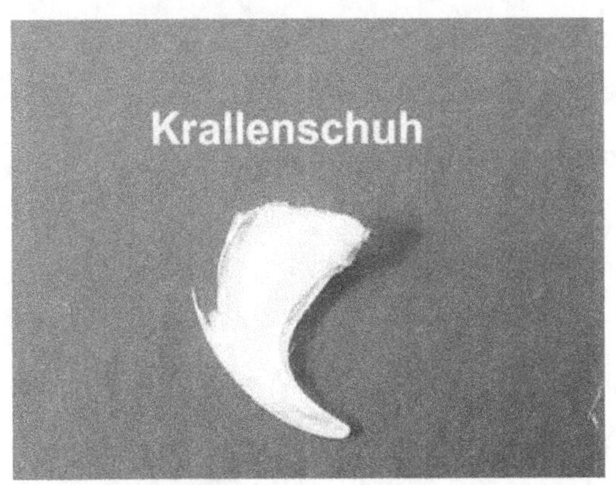

Abbildung 16: Krallenschuhe, ©rgladel

Ihre Katze traktiert mit Begeisterung solches Material, das sie zerstören kann. Sie lässt die Fetzen fliegen und das ist weitgehend der Sinn des Rituals. Sie will zeigen „Hier herrsche ich, schaut her, wie stark ich bin". Natürlich sollen die Krallen eine Wirkung zeigen und deutliche Spuren hinterlassen. Die Möglichkeit nehmen Sie ihr, wenn sie die Krallen kürzen. Ihre Katze leidet darunter.

Natürlich ist es ärgerlich, wenn Siamesen sich an der teuren Schrankwand im Wohnzimmer austoben oder ein Sofa zerstören wollen. Da es sich beim Kratzen um keine Unart handelt, sondern ein natürliches Bedürfnis, können Sie lediglich diesen Drang auf Objekte lenken, die Ihnen geeignet erscheinen.

Viele Siamkatzen ignorieren Kratzgelegenheiten, die sich nach Katzenmeinung an der falschen Stelle befinden. Sie wollen in der Nähe von Eingangstüren ihre Kraft demonstrieren, nicht in der hinteren Ecke des Raumes. Drei Änderungen reichen meist aus, um die Katze davon abzuhalten, Schaden anzurichten.

1. Bringen Sie Kratzbretter, Matten und Ähnliches dort an, wo die Katze mit den Krallen arbeitet. Besonders beliebt sind Kratzobjekte aus Wellpappe, denn hier kann sie leicht viele Spuren erzeugen.
2. Schützen Sie die Stellen vor den Krallen, die Sie nicht zerkratzt haben wollen. Stoffbespannungen aus Segeltuch verhindern Krallenspuren auf Türen. Rollputz oder Glasfasertapete sorgen dafür, dass die Miezen keine Wände ruinieren.
3. Verwenden Sie Vergällungsmittel, um das Mobiliar vor der Katze zu schützen. Saft und Aromen von Zitronen schätzen die Krallenmonster nicht.

Natürlich werden Sie weiter mit Kratzspuren leben müssen, wenn Sie ausschließlich über Gerüche das Kratzverhalten ändern wollen. Katzen brauchen die Gelegenheit, ihr Revier zu markieren. Sie werden weiter in der Nähe der Tür kratzen. Sie können lediglich dort Objekt anbieten, an denen sie es darf und gleichzeitig Material einsetzen, das Krallenattacken spurlos übersteht.

Parasiten bekämpfen

Kaum zu glauben, aber auch Katzen, die nie das Haus verlassen, können von Flöhen oder Zecken geplagt werden. Oft bleibt es ein ungelöstes Rätsel, wie die Plagegeister den Weg zur Katze fanden.

Da Siamkatzen ein kurzes Fell haben, entdecken Sie die Parasiten meist schnell. Sie haben verschiedene Optionen, die ungebetenen Gästen zu beseitigen.

Zecken: Die Spinnentiere orientieren sich an Vibrationen, Wärme und an der Atemluft, um einen Wirt zu finden. Aus diesem Grund nützen die vielen Mittel, die einen Zeckenbefall verhindern sollen, nichts. Zecken beißen sich an einer weichen Hautstelle fest, spritzen ein Mittel in die Einstichstelle, das die Blutgerinnung und Schmerzen verhindert. So kann sie ungestört über Tage das Blut des Opfers trinken, bis sie genug gefressen hat und abfällt. Flohhalsbänder und Spot-ons sind sogar bedenklich, da die Zecken im Todeskampf, der einige Tage andauert, sich ins Blut des Wirts erbrechen und so viel mehr Keime in den Organismus gelangen. Die beste Methode, eine Zecke zu entfernen, ist den Schlitz eines Zeckenhakens oder einer Zeckenkarte zwischen den Blutsauger und die Haut zu schieben. Reißen Sie die Zecke einfach ab.

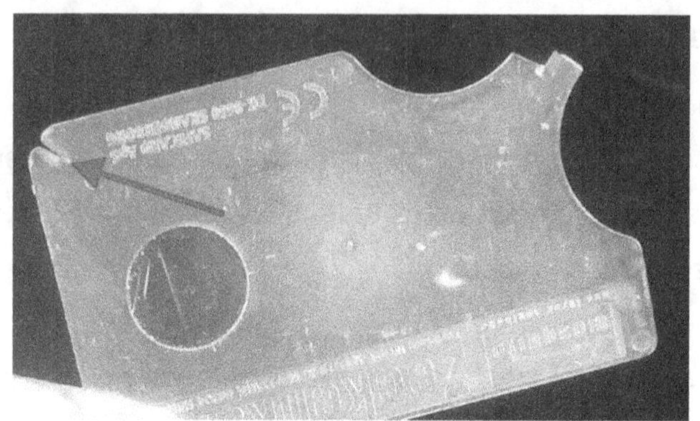

Abbildung 17: Zeckenkarte, ®rgladel

Flöhe: Diese Insekten durchlaufen verschiedene Stadien. Das erschwert die Bekämpfung. Ein Flohweibchen legt 24 Stunden nach der Befruchtung etwa 30 nur 0,5 mm große Eier, die sofort vom Wirt abfallen. Nach 4–5 Tagen schlüpfen die Larven der 1. Generation. Sie ernähren sich vom Flohkot, der ebenfalls aus dem Fell des Tieres rieselt. Die Larven müssen sich während des Wachstums mehrmals häuten, bevor sie sich verpuppen. Vibrationen oder Atemluft signalisieren den Puppen, dass ein Wirt in der Nähe ist. Es schlüpfen erwachsene Flöhe, die sich über einen weiten Sprung auf einen Wirt begeben. Katzenflöhe können auf Menschen und allen Säugetieren leben. Eier und Puppen verkraften Hitze, Kälte und Insektizide.

Der Tabelle entnehmen Sie verschiedene Methoden der Flohbekämpfung:

Mittel	Wirkung	Nachteile
Pulver zum Auftragen auf die Katze und Umgebungsspray	Tötet ausgewachsene Flöhe und Larven	Tötet weder Eier noch Puppen. Anwendung muss häufig wiederholt werden.
Flohhalsbänder	Töten Flöhe auf der Katze	Reichen nicht aus, um bereits vorhandene Larven zu töten. Allergische Reaktionen bei Tier und Mensch möglich. Nicht geeignet für Katzen mit denen Kinder spielen.
Spot-ons	Töten Flöhe auf der Katze.	Reichen nicht aus, um bereits vorhandene Larven zu töten.
Elektrische Flohfallen	Locken Flöhe durch Wärme an und halten diese auf eine Klebeschicht fest.	Nur geeignet um zu prüfen, ob adulte Flöhe in der Wohnung lauern.
Tabletten vom Tierarzt	Eine Tablette vergiftet den Flohkot, damit die vorhandenen Larven absterben. Eine weitere Tablette tötet die Flöhe auf der Katze.	Oft sind mehrere Behandlung nötig, um den Nachwuchs aus vorhandenen Eiern und Puppen zu töten.

Puder, Spray, Halsbänder und Spot-ons reichen selten aus, einen vorhandenen Befall zu beseitigen. Flohhalsbänder und Spot-ons sind ausgezeichnet zur Vorbeugung geeignet.

Wichtig: Katzen vertragen keine ätherischen Öle, die oft angeboten werden, um Parasiten zu vertreiben. Auch Permethrin, ein Nervengift, das in vielen Umgebungssprays und Flohmitteln für Hunde enthalten ist, schadet dem Organismus von Katzen. Sie können den Giftstoff nicht abbauen. Vergiftungen wurden oft beobachtet, wenn Hunde, die mit Katzen zusammenleben, ein Flohhalsband mit Permethrin tragen. Anzeichen einer Permethrin-Vergiftung sind Zittern, starker Speichelfluss, Krämpfe, Atemnot, Erbrechen und Durchfall.

Unterschiede zwischen Spot-ons, Spray und Verdunstern

Spot-ons sind Produkte, die Sie im Nacken der Katze in die Haut einreiben. Manche Wirkstoffe dringen durch die Haut in den Körper des Tieres. Dies geschieht bei Mitteln, die Flöhe abtöten. Repellents, also Inhaltsstoffe, die Insekten abschrecken und andere Duftstoffe wie Pheromone bleiben auf der Haut und umhüllen das Tier mit einer Duftwolke. Sie sind gut geeignet, um beispielsweise ein einzelnes Tier zu beruhigen oder in ein Rudel einzugliedern. Die abschreckende Wirkung auf Parasiten ist eher gering.

Generell sind allergische Reaktionen möglich, da die Katzen direkt und intensiv mit den Produkten in Berührung kommen.

Sprays sind nie für die Anwendung am Tier gedacht, sondern für die Umgebung. Sie töten beispielsweise Flohlarven, die sich in Teppichen oder in den Schlafplätzen verstecken. Andere verbreiten einen angenehmen Duft, um die Katzen zu beruhigen. Die Wirkung ist auf die Bereiche beschränkt, die Sie ansprühen. Allergische Reaktionen sind seltener als bei Spots-ons zu beobachten, da die Tiere weniger mit den Produkten in Berührung kommen. Trotzdem dürfen Sie beispielsweise keine Insektizide, die Katzen schaden, versprühen. Schon geringe Mengen können zu Vergiftungen führen.

Verdunster sind kleine Geräte, die Sie in die Steckdose stecken. Sie erwärmen sich durch den Strom und verdunsten die in ihnen enthaltene Flüssigkeit. Sogenannte Mückenstecker, die Gift verteilen, eignen sich nicht für die Flohbekämpfung und sind für Haustiere schädlich. Verwenden Sie diese also nicht, wenn Sie Katzen oder andere Tiere im Haus halten. (Betrifft keine Produkte, die mittels Hitze oder Stromschlag Insekten töten.) Geräte, die spezielle Pheromone verbreiten, sorgen für Wohlbehagen im ganzen Haus und sind perfekt, um die Eingewöhnung adulter Siamkatzen zu erleichtern.

Probleme beim Wechsel der Bezugsperson

Siamesen können sehr schwierig werden, wenn sie sich nicht wohlfühlen. Sie verkraften allerdings anders als andere Katzen eine Umgestaltung der Wohnung recht gut. Auch Umzüge und Reisen machen den Tieren wenig aus. Sie sind den Menschen verbunden und solange die gewohnten Bezugspersonen da sind, geraten Siamkatzen kaum in Stress. Das ändert sich bei einem Halterwechsel, wenn ihnen der neue Besitzer nicht vertraut ist.

Sie sollten daher dafür sorgen, dass Ihre Siamkatzen zu verschiedenen Personen Vertrauen haben. Im Idealfall gibt es eine zweite Familie, bei der sich Ihre Katzen zu Hause fühlen. Immerhin kann es immer geschehen, dass Sie aus gesundheitlichen oder beruflichen Gründen Ihre Katzen zumindest zeitweise in die Obhut anderer Menschen geben müssen.

Machen Sie Ihren Katzen die Eingliederung in eine neue Gemeinschaft leicht. Das Beste ist, wenn die Siams zunächst mit Ihnen zusammen die Menschen kennenlernen, bei denen sie künftig wohnen sollen. Ein paar Besuche im neuen Heim, bevor der eigentliche Umzug stattfindet, machen es leichter, sich dort einzuleben.

Versetzen Sie sich in die Lage der Katzen. Sie fühlen sich sicher und geborgen im Heim und lieben die Menschen, mit denen sie zusammenleben. Plötzlich erscheint ein Fremder und nimmt sie einfach mit. Er reißt Sie aus der vertrauten Umgebung und trennt sie von den Menschen, die sie lieben. Es fällt natürlich schwer, einem so "bösen Entführer" zu vertrauen. Sie können der Katze ja nicht erklären, warum diese Trennung von Ihnen notwendig ist.

Auch wenn es schwerfällt, für die Katzen ist es einfacher, wenn Sie derjenige sind, der sie weggibt. Das heißt Sie bringen die Katzen zum neuen Besitzer. Natürlich verstehen die Tiere nicht, wieso sie diese plötzlich verstoßen. Aber sie sind von Ihnen enttäuscht, nicht vom neuen Halter. Damit steht der Freundschaft mit diesem nichts im Wege.

Geben Sie den Katzen viel Vertrautes aus der alten Umgebung mit. Die Höhlen, der Kratzbaum, die Katzentoilette und auch die Näpfe ziehen sinnvollerweise mit ins neue Heim. Legen Sie ein paar getragene Kleidungsstücke von Ihnen bereit und bitten Sie den künftigen Besitzer der Katzen, diese offen auszulegen. Der Geruch eines vertrauten Menschen hilft bei der Eingewöhnung.

Der Trick mit der Kleidung ist auch perfekt, wenn lieb gewonnene Personen ausziehen. Ihre Siamkatzen werden Kinder, die das Elternhaus verlassen, schmerzlich vermissen. Oft liegen Sie wochenlang auf Gegenstände, die nach den Familienmitgliedern riechen, die nun eine andere Wohnung haben.

Beachten Sie auch das Kapitel „Stress bei Siamkatzen abbauen", in dem Sie erfahren, wie Sie die Psyche der Katzen mit Düften ansprechen. Sie können Katzen über Geruchsstoffe beruhigen oder anregen. Falls es ein Problem gibt, einen Neuzugang in ein bestehendes Katzenrudel einzugliedern, helfen Duftstoffe aus dem Fachhandel, die für Harmonie zwischen Katzen sorgen.

Stress bei Siamkatzen abbauen

Meist führen traumatische Erlebnisse wie ein Unfall mit schmerzhaften Verletzungen zu starkem Stress. Leider sind Sie meist gezwungen, der Katze weitere Schmerzen zuzufügen. Sie packen das verletzte Tier in eine Box und bringen es zum Tierarzt. Diese Autofahrt tut natürlich entsetzlich weh. Auch der Tierarzt fügt Ihrer Siam zunächst weitere Pein zu. Dieses Erlebnis ist für Ihre Katze besonders schlimm, wenn Sie derjenige sind, der es mit festem Griff zwingt, weitere Torturen zu ertragen.

Sie reden mit sanfter Stimme, um das Tier zu beruhigen, während der Tierarzt es abtastet und untersucht. Ihre Katze erwartet, dass Sie einschreiten und den Arzt daran hindern, es zu quälen. Sicher ist es besser, wenn Sie es einem Helfer überlassen, zu assistieren. Ihre Anwesenheit versteht die Siamkatze vermutlich falsch. Es ist nicht tröstlich, wenn der Mensch, dem sie vertraut, zu schaut, wie ihr Schmerzen zugefügt werden.

Je nach Art der Verletzung hört die Qual so schnell nicht auf. Sie müssen der Katze Tabletten verabreiche und vielleicht sogar Wunden versorgen. Nach derartigen Erlebnissen steht auch eine ausgeglichene Siamkatze unter Stress.

Nun müssen Sie mit viel Geduld das Vertrauen der Katze zurückgewinnen. Sicher geht Liebe durch den Magen, aber füttern Sie ein Tier, das sich verletzungsbedingt kaum bewegen kann, nicht zu ausgiebig mit Leckereien. Versuchen Sie es mit vorsichtigem Spiel und Streicheln. Achten Sie dabei darauf, keine Schmerzen auszulösen.

Machen Sie sich mit der Tellington Ttouch® Methode vertraut, aber üben Sie die Griffe nicht an einer Siamkatze, die noch Schmerzen hat. Beginnen Sie damit erst, wenn die Katze sich von Ihnen wieder berühren lässt, ohne Angst zu zeigen.

Versuchen Sie, bis es so weit ist, mit Raumdüften das Wohlbefinden der Katze zu steigern. Verwenden Sie eine

Duftlampe, in der Sie natürliche Duftstoffe verdunsten. Der Geruch von Rosmarin, Lavendel, Melisse oder römischer Kamille wirkt beruhigend auf Katzen. Testen Sie die Wirkung aus.

Bei besonderem Stress, weil Sie mit der Katze beispielsweise zum Tierarzt müssen, helfen auch Bachblüten oder Rescue-Tropfen. Wenn Ihre Katze es nicht duldet, dass Sie die Tropfen auf die Zunge gegeben, träufeln Sie etwas auf ihre Pfote. Sie wird das Medikament sofort ablecken.

Wichtig: Kaufen Sie Produkte für Katzen, denn diese enthalten weniger Alkohol als Tropfen für Menschen.

Manche Katzen bleiben apathisch, auch nach der Genesung und wollen nicht mehr Spielen. Gleiches ist bei Siamesen zu beobachten, wenn Ihnen vertraute Menschen plötzlich fehlen. Versuchen Sie, die Lebensgeister durch Baldrian oder Katzenminze anzuregen. Geben Sie die stark anregend wirkenden Substanzen nicht in eine Duftlampe. Benetzen Sie ein Spielteil damit und legen Sie es in die Nähe der Katze. Meist regt sie das an, damit zu spielen.

Wenn es Ihnen mit nichts gelingt, den Gemütszustand der Siamesen zu verbessern, greifen Sie zu Wohlfühlhormonen (Pheromonen). Diese Duftstoffe erzeugen beispielsweise

Katzenmütter, um die Welpen zu beruhigen. Im Gesicht von Katzen bilden sich ebenfalls solche Botenstoffe. Durch das Reiben des Köpfchens markiere Katzen die Umgebung und verkünden: „Hier ist alles vertraut, entspanne dich". Im Fachhandel bekommen Sie Spot-ons, Sprays und Verdampfer, die den gestressten Siamesen zur Entspannung verhelfen.

So pflegst du Katzenbabys

Das Alter der Katze kannst Du anhand der Augenfarbe und der Ohrfalte sehen.

Katzenbabys unter drei Wochen müssen mit der Flasche aufgezogen werden.

Seien Sie eine Katzenmama oder ein Katzenpapa

Füttere alle drei Stunden mit der Flasche, wenn die Katze zwei Wochen alt ist.

Setze die Flaschenfütterung ab, wenn das Kätzchen 3 Wochen alt ist.

Wenn das Kätzchen drei Wochen alt ist kannst Du langsam damit beginnen, weiches, mit Katzenmilch verdünntes Futter zu füttern.

Futter für wachsende Kätzchen

Katzenmilch, weiches Kätzchenfutter und Sardinengräten für extra Calcium.

TIPP: KATZEN TRINKEN NORMALERWEISE AUFGRUND VON KONTAMINATION NICHT IN DER NÄHE DES FUTTERS.

Stelle sicher, dass Ihr Kätzchen ausreichend Flüssigkeit bekommt.

Verdünne das Katzenfutter mit Wasser, bis die Katze lernt, Flüssigkeiten aufzulecken, bevor du ihr beibringst, Wasser zu trinken.

Bringe der Katze bei, das Katzenklo zu verwenden.

Bringe das Kätzchen zum Katzenklo und helfe ihm, das Katzenstreu sanft mit den Pfötchen zu kneten. Die Katze wird dies instinktiv als Toilette verwenden.

Gewöhne Katzenbabys an Menschen.

Stelle sicher, dass das Kätzchen niemals allein und einsam ist. Ansonsten wird es ängstlich und sprunghaft. Spiele mit dem Kätzchen.

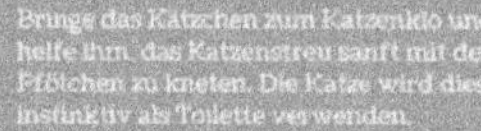

Meine Katze fürs Leben Ratgeber

ÜBER UNSERE REIHE:
MEINE KATZE FÜRS LEBEN

Dies ist der sechste Band einer Reihe von kompakten, lebensnahen Ratgebern zum Thema Katzenerziehung. Die einzelnen Rassen werden von Autoren vorgestellt, die sich durch langjährige Erfahrung und durch Liebe zur Katze auszeichnen. Wir wünschen Ihnen viele schöne und entspannte Jahre mit Ihrem Haustier!

Über eine positive Bewertung auf Amazon würden wir uns freuen!

IMPRESSUM

www.ingramcontent.com/pod-product-compliance
Lightning Source LLC
Chambersburg PA
CBHW071533150726
48000CB00002B/790